El perdón

OSHO

El perdón

Su fuerza reside en el enfado

Traducción de
Esperanza Moriones

Grijalbo

Papel certificado por el Forest Stewardship Council®

Título original: *Forgiveness*

Primera edición: septiembre de 2024

El material de este libro ha sido seleccionado de entre varias conferencias impartidas por Osho ante
un auditorio. Todas las conferencias de Osho han sido publicadas de forma íntegra en diferentes libros,
pero también están disponibles las grabaciones originales en formato sonoro. Las grabaciones sonoras
y el archivo escrito completo pueden encontrarse de forma online en OSHO Library, en www.osho.com.

Printed in Spain – Impreso en España

ISBN: 978-84-253-6820-2
Depósito legal: B-11.271-2024

Compuesto en Promograff - Promo 2016 Distribucions

Impreso en Black Print CPI Ibérica, S. L.
Sant Andreu de la Barca (Barcelona)

GR 6 8 2 0 2

Índice

Introducción

En las charlas de Osho, la palabra «perdón» o el tema del perdón suele surgir a raíz de la toma de consciencia, de reconocer o de darnos cuenta de que cuando tenemos resquemores o sed de venganza solo nos hacemos daño a nosotros mismos. «Perdón», a diferencia de muchos de los títulos de la colección Claves para una nueva forma de vivir, no es una palabra que Osho suela utilizar. En un plano más elemental —en el que el término en sí no es un problema en absoluto—, el perdón es lo que sucede cuando dejamos a un lado (o, a veces, resolvemos) todo lo que no guarda relación con nuestra existencia y es insignificante en el aquí y ahora de nuestra vida.

Aquí es donde entra en juego una palabra relacionada con esto: «arrepentimiento». Supongamos que hay algo que nos «hace saltar» y reaccionar, y nos enfadamos. Hemos arremetido contra alguien con el propósito de hacerle daño, y hemos dicho cosas que nos gustaría no haber mencionado. Esta es una oportunidad para acordarnos de que, en primer lugar, debemos tomar nota de ello, hacernos cargo, reconocerlo y responsabilizarnos de nuestras palabras. Y si de verdad nos parece que hemos actuado mal o de una forma inconsciente, arrepentirnos

—en serio y siendo del todo conscientes— para que no vuelva a suceder.

Según iremos aprendiendo en estas páginas, el perdón a otro nivel es un enfoque singularmente religioso hacia un problema que compartimos en cuanto a humanidad —los animales no tienen este problema—, que es nuestra tendencia a hacer cosas que preferiríamos no haber hecho. Y es más: hacer lo que queramos, con independencia de que nuestros padres, la Iglesia o los profesores nos hayan dicho que es pecado o está mal. Necesitamos ese perdón porque lo hemos hecho de todas formas. En un contexto judeocristiano, pasamos mucho tiempo rezando para librarnos del mal, para no caer en la tentación, y, si vamos por mal camino, se nos perdona. El perdón es un requisito previo para ser felices o redimirnos.

Por otro lado, la idea del karma se ocupa de la mayor parte de esos temas en Oriente. El infierno en el que vivimos ahora es una consecuencia de los malos actos del pasado. La felicidad, las riquezas o la buena reputación que tenemos ahora son la recompensa por habernos portado bien en el pasado. Más aún: mientras que el cristianismo solo nos concede una vida para resolver todo esto, las religiones orientales nos proporcionan muchas vidas. El perdón solo es un actor secundario sin importancia en el drama kármico en el que todos estamos implicados. Podemos tomarnos el tiempo que queramos, no hay un día del juicio final a la vista en el que, en última instancia, tengamos que superar una prueba o recibir un castigo eterno.

En este libro Osho analiza todos estos matices, examina las raíces y nos señala todas las intersecciones donde confluyen los conceptos oriental y occidental de perdón, así como las correspondientes nociones de pecado y culpa, vergüenza y arrepentimiento, y sus consecuencias en el presente, el pasado y el futuro.

SARITO CAROL NEIMAN,
recopiladora y editora
Osho International Foundation

Una nota sobre el lenguaje

🔸

Las palabras habladas: los libros de Osho nunca se escribieron, son la transcripción de la grabación de sus charlas. En esas charlas improvisadas no empleaba más notas que las preguntas, historias o textos sagrados que le habían pedido que comentara, o los chistes que solía contar para explicar un asunto determinado. Osho pidió a sus editores que conservaran la cualidad de la palabra hablada en sus libros impresos.

Los pronombres: cuando le oímos hablar, está bastante claro que Osho al decir «hombre» suele referirse a los «seres humanos». Su uso del pronombre «él» por defecto está al servicio de un lenguaje sencillo y fluido, no quiere decir en absoluto que no considere o que menosprecie a «ella» (o «elle»).

Conviene tener en mente el singular punto de vista de Osho:

Un meditador no es un hombre ni una mujer,
porque la meditación no tiene nada que ver con el cuerpo
ni tiene nada que ver con la mente.
En la meditación solo eres conciencia pura.
Y la conciencia no es ni masculina ni femenina.

1

El perdón: un ideal frente a lo verdadero

※

L levamos miles de años hablando del amor, pero ¿dónde está el amor en nuestra vida? Hemos hablado del perdón y de servir a la humanidad, pero ¿dónde están? Nuestro servicio a la humanidad y nuestro perdón se han convertido claramente en sirvientes de nuestro interés personal. Cuando una persona quiere alcanzar la liberación o ir al cielo, perdona y lleva a cabo actos de caridad. Pero ¿de verdad es esto perdón y caridad, o es un acuerdo? Cuando una persona busca su alma, sirve a los pobres. Pero ¿les está sirviendo de verdad o son solo un instrumento enfocado hacia su interés personal?

El servicio social, la caridad, el perdón y todas esas tonterías de la no violencia ocultan la persona que hay en nuestro interior, la única que existe en realidad. Si tuviera que ocurrir algo, solo podría ser a través de esa persona. Cualquier revolución que haya en la vida, cualquier cambio que se produzca —lo que tenga que suceder— habrá de acontecer a través de ese ser humano verdadero. Tendrá que darse a través de esa persona verdadera que soy yo o eres tú. Nunca podrá ocurrir nada a través de un ideal.

Pero nos escondemos detrás de los ideales. Cuando un hom-

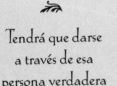

Tendrá que darse a través de esa persona verdadera que soy yo o eres tú. Nunca podrá ocurrir nada a través de un ideal.

bre malvado quiere ser bueno, se olvida de que es malo, quiere olvidarse de que es una persona mala. Así es como se aferran a los buenos ideales este tipo de personas.

Si alguien te habla de ideales nobles, puedes estar seguro de que en su interior hay una persona mala. Si no fuera así, simplemente no hablaría de ideales nobles, ¡porque ella misma es buena! Entonces ¿qué necesidad tiene de hablar de eso? ¿De dónde surge la cuestión de los ideales nobles?

Un ideal noble es un truco que usa la persona mala que se esconde en nuestro interior y es una treta muy sutil que nos sirve para defendernos. Cuando intentamos ser buenos, nos olvidamos de lo malo. Pero ¿cómo podemos volvernos buenos si lo malo sigue dentro de nosotros? Podemos intentarlo de mil formas, pero la persona mala volverá a salir.

Esta es la realidad que nos circunda, aunque quizá hayas perdido la capacidad de verla. Dentro de ti hay una persona mala, llena de violencia y de odio. Hagas lo que hagas y por muy virtuoso que sea ese acto, es mentira, porque tras esa acción virtuosa hay una persona mala. Lo que se esconde detrás de ese acto, en realidad, es otra cosa. Es posible que no se vea desde fuera, tal vez los demás no se den cuenta, pero tú tienes la capacidad de verlo.

Y, si puedes verlo, podrás emprender la senda para tener una mente sana y recorrer el camino que te lleva a sanar tu ser. De modo que, antes que nada, debes dar un primer paso en esta dirección para conseguir una mente y una conciencia sanas.

Lo primordial es reconocer la verdad de lo que eres como un hecho y no como el ideal que tienes. ¿Cuál es tu realidad? No se trata de tu ideología o de lo que quieras creer, sino de qué eres. ¿Cuál es tu realidad?

Si estás preparado para saberlo —y solo entonces—, podrás dejar a un lado esta idea inútil que hay en tu mente: que puedes cambiar, que si tienes unos ideales y luchas por alcanzar otros más nobles puedes transformarte. Nadie se ha transformado nunca por tener un ideal. Visto desde fuera, podría parecer que ha cambiado, pero por dentro sigue siendo la misma persona.

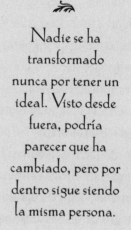

Nadie se ha transformado nunca por tener un ideal. Visto desde fuera, podría parecer que ha cambiado, pero por dentro sigue siendo la misma persona.

EL PODER DEL PERDÓN RESIDE
EN LA FUERZA DEL ENFADO

La humanidad está esquizofrénica. La mente del hombre se ha dividido en partes, se ha fragmentado, y esto tiene una causa: hemos considerado que la vida en su totalidad está formada por fracciones y las hemos enfrentado entre sí.

El hombre es uno, pero hemos creado divisiones en su interior, y también hemos decidido que esas piezas se enfrenten entre sí. Lo hemos aplicado a todas las esferas. Cuando le decimos a alguien «no te enfades, aprende a perdonar», no nos damos cuenta de que entre el enfado y el perdón solo hay unos grados de diferencia.

Lo mismo ocurre entre el frío y el calor o la infancia y la vejez. Podemos decir que el perdón es reducir el enfado a su graduación más baja; no hay una dicotomía entre los dos, pero los antiguos preceptos de la humanidad nos enseñan que hay que dejar a un lado el enfado y adoptar el perdón. Como si fuesen cosas opuestas y pudieras renunciar al primero y quedarte con el segundo. Así solo consigues dividir a la gente en fragmentos y complicarle la vida.

En la vida todo tiene que estar integrado, como las notas de una gran sinfonía. No puedes quitar nada porque entonces surge un problema. Alguien te puede decir, por ejemplo, que el color negro simboliza el mal. Por eso no se permite usar el color negro en una boda y sí cuando muere alguien. Hay gente que cree que el negro es un símbolo del mal y gente que cree que el blanco lo es de la pureza. Estas distinciones están bien en un sentido simbólico, pero, si alguien dijera «vamos a eliminar el negro y hacer que desaparezca de la faz de la tierra», deberías tener en cuenta que cuando eliminas el negro queda muy poco blanco, porque su blancura destaca sobre todo en un fondo negro.

El profesor escribe con tiza blanca en una pizarra negra. ¿Está loco? ¿Por qué no escribe en la pared blanca? Podría hacerlo, por supuesto, pero entonces las letras no destacarían. El blanco se manifiesta gracias al fondo negro; de hecho, el negro es la razón de que destaque el blanco. Recuerda que, si te enemistas con uno de los lados, el otro quedará apagado y descolorido.

Si alguien se niega a mostrar su enfado, su perdón tampoco tendrá poder, pues este reside en el enfado, y solo aquel que pueda enfadarse tendrá poder para perdonar. Cuanto más intenso sea el enfado, mayor será el perdón. La fuerza del enfado le dará brillo al acto de perdonar. Cuando no hay enfado, el perdón se queda absolutamente sin lustre, sin vida, muerto.

> Solo aquel que pueda enfadarse tendrá poder para perdonar. Cuanto más intenso sea el enfado, mayor será el perdón.

LAS DISCULPAS SON NECESARIAS CUANDO NO HAY UNA RELACIÓN

Si un hombre le da un pisotón a otro en el mercado, se disculpa educadamente y le da una explicación: «Este sitio está demasiado lleno».

Si un hermano mayor le da un pisotón a su hermano pequeño, le pide perdón y ya está.

Si un padre le da un pisotón a su hijo, no dice nada.

Los mejores modales están exentos de cualquier formalidad. El comportamiento perfecto está exento de preocupación.

La verdadera sabiduría no hace planes. El verdadero amor no necesita pruebas. La verdadera sinceridad no ofrece garantías.

CHUANG TZU

Las disculpas son necesarias cuando no hay una relación. El otro es un desconocido y tenemos que darle una explicación porque no hay amor.

Si hubiese amor, no habría que detenerse en justificaciones, porque el otro lo entendería. Si hubiese amor, no habría que pedir disculpas, porque el otro lo entendería. El amor siempre entiende, por eso no hay cualidad moral más elevada que el amor, y es imposible que la haya.

El amor es la ley más elevada, pero, si no hay amor, es preciso sustituirlo con algo. Si le das un pisotón a alguien en el mercado, esto requiere una disculpa y una explicación: «Este sitio está demasiado lleno».

Hay que comprender algo respecto a esto, y es que en Occidente hasta el marido le pide disculpas a su mujer, y hasta la mujer le da explicaciones al marido. Esto quiere decir que el amor ha desaparecido, que todo el mundo es un extraño, que no hay un hogar, que todos los sitios se han convertido en el mercado.

Esto es inconcebible en Oriente, pero los occidentales creen que los orientales son maleducados. Un marido nunca le dará explicaciones a su mujer, porque no es necesario; no son extraños y el otro entiende lo que ocurre. Las disculpas solo son precisas cuando el otro no lo comprende. Si el amor no lo entiende, ¿de qué nos sirve pedir perdón?

Si el mundo entero se convierte en tu hogar, las disculpas y las justificaciones desaparecerán. Tienes que dar explicaciones porque no estás seguro de cómo se lo va a tomar el otro. Una explicación es un truco para evitar un conflicto, una disculpa es una forma de evitar un conflicto.

Pero, en el fondo, el conflicto está ahí y te da miedo, y esto es una forma civilizada de evitarlo. Has pisado a alguien sin querer. Cuando lo miras, tiene los ojos llenos de rabia, se ha vuelto agresivo y quiere pegarte. Tienes que disculparte para calmar su rabia. Es un truco: tu disculpa no tiene que ser auténtica, solo es una estrategia social. Actúa como un lubricante. Luego le das una explicación y dices: «No ha sido culpa mía, este sitio está demasiado lleno. Estamos en un mercado y es inevitable, es normal que ocurra». Así estás diciendo que no tienes la culpa.

El amor siempre es responsable, tanto si te encuentras en un sitio lleno de gente como si no, porque el amor siempre está atento y alerta. No puedes culpar a la situación porque tú eres el responsable. Fíjate en esta cuestión: la disculpa es una estrategia, es como un lubricante que sirve para evitar el conflicto. Y la explicación consiste en echarle la culpa a otra cosa. No estás diciendo: «No estaba atento, no me he dado cuenta y por eso te he pisado». Dices: «¡Este sitio está lleno de gente!». Una persona consciente no puede hacer esto, y quien insiste en esta actitud nunca se convertirá en una persona realmente religiosa, porque la verdadera religiosidad consiste en asumir la responsabilidad en vez de evitarla o de huir. Cuanto más responsable seas, más atento estarás, y cuanto menos responsable seas, más inconsciente serás. Siempre que sientas que tú no eres el responsable te quedarás dormido.

El amor siempre es responsable, tanto si te encuentras en un sitio lleno de gente como si no, porque el amor siempre está atento y alerta. No puedes culpar a la situación porque tú eres el responsable.

Y esto es lo que ha sucedido en la sociedad a todos los niveles, no solo en las relaciones individuales. El marxismo dice que la sociedad es culpable de todo. Si alguien es pobre, la culpa la tiene la sociedad; si alguien es un ladrón, la culpa la tiene la sociedad. Tú no eres el culpable, el individuo no es culpable. El marxismo traslada toda la responsabilidad a la sociedad, y tú no eres responsable.

Fíjate en la actitud religiosa: es completa y cualitativamente distinta. Una persona religiosa se considera responsable. Si alguien está mendigando, si hay un mendigo, el responsable soy yo. Es posible que el mendigo esté en la otra punta del mundo y que ni siquiera lo conozca ni me haya cruzado nunca con él, pero, si hay un mendigo, yo soy el responsable. Si hay una guerra en algún sitio —en Israel, en Vietnam o donde sea—, aunque yo no participe en ella de una forma visible, yo soy el responsable.

Estoy aquí, no puedo echarle la culpa a la sociedad.

Cuando dices «sociedad», ¿a qué te refieres? ¿Dónde está esa sociedad? Esta es una de las vías de escape más grandes que hay. Solo existe el individuo, nunca te encontrarás con una sociedad. Nunca podrás identificarla diciendo: «Esto es una sociedad».

El individuo existe en todas partes, pero la sociedad solo es una palabra.

¿Dónde está la sociedad? Las antiguas civilizaciones te han engañado. Te han dicho que Dios tenía la culpa, que era cosa del destino. Ahora el comunismo está jugando a eso mismo cuando echa la culpa a la sociedad. Pero ¿dónde está la sociedad? Es posible que Dios esté en alguna parte, pero la sociedad no está en ninguna parte, solo hay individuos. La religiosidad dice: yo soy el responsable. No hay que dar explicaciones para evitarlo.

Y ten presente otra cosa: cuando te sientes responsable de todo lo malo —del caos, de la anarquía, de la guerra, de la violencia y de la agresión—, de repente estás alerta. La responsabilidad entra en tu corazón y te hace estar atento. Decir «este sitio está demasiado lleno» es una excusa para seguir medio dormido. En realidad, no has pisado a un desconocido porque el sitio estuviera muy lleno, sino porque tú no estabas atento. Andabas como un sonámbulo, caminabas dormido. Después de darle un pisotón a alguien, de repente, prestas atención porque ha surgido un peligro. Y te disculpas enseguida diciendo: «¡Este sitio está demasiado lleno!». Luego vuelves a dormirte y sigues tu camino.

> Nunca podrás identificarla diciendo: "Esto es una sociedad". El individuo existe en todas partes, pero la sociedad solo es una palabra.

Cuando pides perdón, ¿qué haces en realidad? Te has despertado porque ibas medio dormido —seguramente estabas soñando o imaginando algo, o estabas dándole vueltas a algo en tu mente— y entonces has pisado a alguien. No es que el sitio estuviera lleno de gente, también te habrías tropezado con alguien o lo habrías pisado si no hubiera habido nadie o si hubiera habido poca gente. Es por tu culpa, por tu inconsciencia, por tu comportamiento inconsciente. Buda no se tropieza nunca, ni siquiera en el mercado, porque se mueve de manera consciente. Cuando hace algo, siempre sabe lo que está haciendo.

Y si te da un pisotón es porque lo ha hecho adrede, seguro que tras ello hay alguna intención. Quizá esté tratando de ayudarte a despertar y te haya pisado para que te despiertes, pero nunca te dirá «este sitio está demasiado lleno», nunca te dará explicaciones.

Las explicaciones siempre son engañosas. Aunque parezcan lógicas, son falsas. Solo das explicaciones cuando quieres ocultar algo.

> ☙
>
> Solo das explicaciones cuando quieres ocultar algo.

Puedes verlo y comprobarlo en tu propia vida. No es una teoría, es un hecho que todo el mundo ha comprobado: solo das explicaciones cuando quieres ocultar algo. La verdad no necesita explicaciones.

Cuanto más mientas, más explicaciones tendrás que dar. La razón de que haya tantas escrituras sagradas es porque el ser humano ha mentido mucho; entonces necesita dar explicaciones para ocultar las mentiras. Tienes que dar una justificación que, a su vez, necesita otra aclaración, y así sucesivamente. Es una regresión infinita. Y llegas a la última explicación sin haber contado nada. La mentira básica sigue siendo mentira, porque no puedes convertir una mentira en verdad mediante explicaciones. Aunque te pueda parecer que sí, las explicaciones no cuentan nada.

En cierta ocasión, Nasrudín iba por primera vez en un avión y estaba asustado, pero no quería que nadie lo supiera. Es lo que le ocurre a todo el mundo la primera vez que vuela en un avión. Nadie quiere que los demás se den cuenta de que es su primer vuelo. Quería aparentar tranquilidad, y empezó a caminar muy seguro de sí mismo. Con esa actitud pretendía dar una explicación: «Siempre viajo en avión».

Entonces se sentó en su asiento y quiso decir algo para sentirse más cómodo, porque cuando hablas te sientes más valiente, cuando hablas tienes menos miedo. De modo que Nasrudín habló con el pasajero que tenía al lado. Miró por la ventanilla y dijo:

—¡Hay que ver qué altura! Las personas parecen hormigas.

—Señor, son hormigas —dijo el otro pasajero—; todavía no hemos despegado.

Las explicaciones no ocultan nada. Más bien al contrario: revelan cosas. Si te das cuenta y tus ojos lo ven, todas las explicaciones son transparentes. A Nasrudín le habría convenido más quedarse callado. Pero no intentes usar el silencio como una explicación, porque no sirve como tal. El silencio es revelador y las palabras también lo son.

Lo mejor es no decir mentiras y así no tendrás que dar explicaciones. Lo mejor es decir la verdad, porque lo más fácil es decir la verdad y ser auténtico. Si tienes miedo es mejor decir «tengo miedo», porque, si aceptas ese hecho, el miedo desaparece.

El miedo básico no es miedo. El miedo básico es el miedo al miedo: «Nadie debe saber que tengo miedo. Nadie debe saber que soy un cobarde». Cuando hay una situación nueva, todo el mundo es cobarde, ¡sería insensato ser valientes frente a una situación desconocida! Ser cobarde solo significa que la situación es tan novedosa que tu mente no tiene respuestas, tampoco el

> El miedo básico no es miedo. El miedo básico es el miedo al miedo: "Nadie debe saber que tengo miedo. Nadie debe saber que soy un cobarde".

pasado, y por eso tiemblas. ¡Pero eso está bien! ¿Por qué quieres que la mente te dé una respuesta? Tiembla y deja que surja la respuesta de tu conciencia presente. Eres sensible y eso es todo, no intentes matar esa sensibilidad dando explicaciones. La próxima vez que empieces a dar explicaciones, presta atención. ¿Qué estás haciendo? ¿Tratas de ocultar algo? ¿Qué intentas justificar? Eso no te va a ayudar.

ESTÁS RODEADO DE ESPEJOS POR TODAS PARTES

Un nuevo rico se fue a una playa muy lujosa y exclusiva, y comenzó a gastar el dinero a espuertas para impresionar a la gente que tenía alrededor. Al día siguiente, su mujer se ahogó nadando en el mar. La llevaron hasta la orilla, y un corro de gente se agolpó a su alrededor.

—¿Qué estáis haciendo? —preguntó él.

—Vamos a hacerle la respiración artificial a tu mujer —dijo alguien.

—Nada de eso —repuso el hombre—, hacedle la respiración verdadera, estoy dispuesto a pagarla.

Cualquier cosa que hagas o no hagas, cualquier cosa que digas o no digas desvela cómo eres. Estás rodeado de espejos por todas partes. Todos los demás son espejos, todas las situaciones son espejos, ¿a quién crees que puedes engañar? Y si engañar se convierte en un hábito, al final te estarás engañando a ti mismo y a nadie más. Es tu vida la que malgastas cuando mientes. Chuang Tzu dice: «Las explicaciones demuestran que no eres sincero, que no eres auténtico».

Si un hermano mayor le da un pisotón a su hermano peque-ño, le pide perdón y ya está.

Entre dos hermanos —cuando la relación es más cercana y el otro no es un extraño— no hace falta dar explicaciones. El hermano solo dice «perdón» y reconoce su culpa. Dice «no esta-ba atento». Pero no intenta echarle la culpa a otra persona, sim-plemente lo acepta. Es una relación más próxima.

Si un padre le da un pisotón a su hijo, no dice nada.

No hace falta: esta relación es incluso más próxima, más ín-tima. Hay amor y con eso es suficiente. No tiene que sustituirlo con nada, con una explicación o una disculpa.

Los mejores modales están exentos de cualquier formalidad. El comportamiento perfecto está exento de preocupación.

La verdadera sabiduría no hace planes. El verdadero amor no necesita pruebas. La verdadera sinceridad no ofrece ga-rantías.

Pero la perfección en todas estas cosas sí precisa que haya conciencia espontánea; de lo contrario, siempre será mentira, siempre será un rostro falso. Puedes ser sincero, pero, si tienes que hacer un esfuerzo para ello, solo será una sinceridad formal. Puedes ser amoroso, pero, si tienes que hacer un esfuerzo, tu amor será como el amor del que habla Dale Carnegie en *Cómo ganar amigos e influir sobre las personas*, y este tipo de amor no puede ser verdad. Lo has manipulado. Entonces incluso la amistad se convierte en un negocio.

Cuidado con todos los Dale Carnegies, son personas peligrosas que destruyen todo lo verdadero y auténtico. Te enseñan a «ganar amigos», te enseñan trucos y técnicas. Te enseñan a ser eficiente, te enseñan cómo hacerlo. Sin embargo, el amor no tiene un cómo ni puede tenerlo. El amor no necesita un aprendizaje. Y la amistad no es algo que tengas que aprender, porque una amistad aprendida no es una amistad, es aprovecharte de alguien. Te aprovechas del otro y lo engañas; no eres sincero, solo es una relación de negocios.

> Cuidado con todos los Dale Carnegies, son personas peligrosas que destruyen todo lo verdadero y auténtico.

En Estados Unidos, por otro lado, todo se ha convertido en un negocio, incluso la amistad y el amor. Y Dale Carnegie ha vendido millones de copias de sus libros y tiene centenares de ediciones, ha llegado hasta tal punto que solo se puede equiparar con la Biblia. Nadie sabe ser amigo, hay que aprenderlo. Dentro de poco, habrá colegios que te enseñarán a amar, con cursos donde recibirás entrenamiento y lecciones que tendrás que aprender y aplicar.

El problema es que, si lo logras, no habrá vuelta atrás, porque ya no podrás vivir la experiencia real, puesto que has cerrado la puerta por completo. Cuando dominas una técnica, la mente se resiste a cambiar. La mente te indica que es un atajo y lo conoces bien, ¿por qué vas a escoger otro camino? La mente siempre quiere hacer lo que menos resistencia ofrezca.

Por eso las personas inteligentes no son capaces de amar. Son tan inteligentes que empiezan a manipular. Nunca dicen lo que sienten de corazón, sino lo que el otro quiere oír, y lo observan para averiguarlo. No hablan de corazón, solo crean una situación para engañar al otro. Los maridos engañan a sus mujeres, las mujeres engañan a sus maridos, los amigos engañan a sus amigos... El mundo se ha convertido en una multitud de enemigos. Hay dos tipos de enemigos: los que no has podido engañar y los que has podido engañar. Esta es la única diferencia. ¿Cómo puede haber éxtasis en tu vida?

La autenticidad no se puede aprender. No surge por medio de la enseñanza. La autenticidad surge por medio de la conciencia, estando atento, viviendo de una forma consciente. Fíjate en la diferencia: vivir de manera consciente es vivir abiertamente, no esconderse, no engañar. Estar alerta es ser vulnerable y aceptar todo lo que ocurra. Lo aceptas, pero no significa que des tu brazo a torcer; no estás renunciando a tu conciencia para conseguir algo. No te importa quedarte completamente solo, pero quieres estar alerta de forma consciente. Tu verdadera transformación solo puede empezar si estás alerta.

CUANDO TODO EL MUNDO ESTÁ LOCO, LO ÚNICO QUE TE SIRVE ES ESTAR ALERTA

Te voy a contar una historia...

Una vez, hace muchos años, había un rey que también era astrólogo. Estaba muy interesado en el estudio de las estrellas. Un día se dio cuenta de que la siguiente cosecha iba a ser muy peligrosa, y, de pronto, su corazón sintió mucha congoja porque sabía que todo el que comiera de esa cosecha se volvería loco. Entonces, llamó a su primer ministro, que era también su asesor y su consejero, y le contó lo que iba a suceder, porque no había ninguna duda de ello:

—Las estrellas lo dicen claramente: hay una combinación de rayos cósmicos que va a causar que la cosecha de este año sea venenosa. Es algo que no sucede a menudo, solo una vez cada muchos miles de años, pero va a ocurrir este año y todo el que coma de esa cosecha se volverá loco. ¿Qué podemos hacer?

El primer ministro dijo:

—Es imposible alimentar a todo el mundo con la cosecha del año pasado, pero podemos hacer una cosa: tú y yo podemos sustentarnos con la cosecha del año pasado. Podemos guardar y requisar la cosecha del año pasado. No hay ningún problema, porque tendremos suficiente para los dos.

El rey contestó:

—Esa idea no me gusta porque significa que todos los que me veneran se volverán locos: las mujeres, los santos y los sabios, los fieles sirvientes, todos mis súbditos, incluso los niños. Y tampoco me atrae quedarme al margen. No vale la pena que nos salvemos solo tú y yo. Esta idea no me sirve, prefiero volverme loco como todos los demás. Pero se me ocurre algo —añadió el rey—. Yo te pondré el sello de la locura en la frente y tú me lo pondrás a mí.

—¿Y eso cómo puede ayudarnos? —preguntó el primer ministro.

—He oído decir que es uno de los antiguos pilares de la sabiduría, así que lo probaremos —respondió el rey—. Cuando todo el mundo se haya vuelto loco y nosotros también, cada vez que vea tu frente, me acordaré de que estoy loco, y cada vez que veas mi frente, te acordarás de que estás loco.

El primer ministro seguía desconcertado.

—¿Y para qué servirá eso? —preguntó.

El rey dijo:

—Los sabios me han dicho que si te acuerdas de que estás loco es que no estás loco.

Un loco no se acuerda de que está loco. Un ignorante no se percata de que lo es. Una persona que está soñando no advierte que está soñando. Si te das cuenta de que estás soñando mientras sueñas es porque el sueño se ha interrumpido y estás completamente despierto. Si te reparas en que eres ignorante, la ignorancia desaparece.

Las personas ignorantes creen que son sabias y los locos creen que son los únicos cuerdos. Cuando alguien reconoce su ignorancia, se vuelve realmente sabio.

El rey dijo: «Esto es lo que haremos».

No sé lo que ocurrió después, porque la historia se acaba ahí, pero es muy significativa.

Cuando todo el mundo está loco, lo único que puedes hacer es mantenerte alerta. De nada te sirve que-

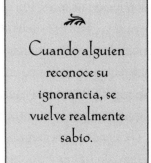

Cuando alguien reconoce su ignorancia, se vuelve realmente sabio.

darte al margen o irte al Himalaya. Cuando todo el mundo está loco, tú también lo estás, porque formas parte de todo el mundo. Somos una totalidad orgánica. ¿Cómo puedes separarte? ¿Cómo puedes irte al Himalaya? En el fondo de tu ser, sigues formando parte del todo. Aunque vivas en el Himalaya, seguirás acordándote de tus amigos, que te llamarán en tus sueños, y pensarás en ellos. Te preguntarás si se acuerdan de ti, seguirá habiendo una relación con ellos.

No puedes salir del mundo. Fuera del mundo no hay nada, el mundo es un único continente. Nadie puede ser una isla porque incluso las islas están conectadas con el continente en el fondo del mar. Puedes creer que estás separado superficialmente, pero nadie puede separarse.

Este rey era muy sabio y dijo: «Eso no me sirve. No pienso quedarme al margen, quiero participar, y esto es lo que haré: intentaré acordarme de que estoy loco, porque, si te olvidas de que estás loco, es porque realmente lo estás. Esto es lo que vamos a hacer».

Estés donde estés, acuérdate de ti, acuérdate de que eres. Esta conciencia de ser siempre debería estar presente. No eres tu nombre, no eres tu casta, no eres tu nacionalidad...; todas esas cosas son insignificantes, son inútiles por completo. Recuerda solo que «yo soy», esto es lo que no debes olvidar. Es lo que los hindúes denominan «autorreminiscencia», lo que Buda llamaba «atención correcta», lo que Gurdjieff solía designar «recordarte a ti mismo», lo que Krishnamurti bautizó como «conciencia». Es la parte más importante de la meditación, acordarme de que «yo soy».

Cuando estés caminando, sentado, comiendo, hablando, recuérdalo siempre: yo soy. Nunca te olvides de esto. Es difícil y es muy arduo. Al principio siempre te olvidarás, tendrás momentos aislados en los que te sentirás iluminado, pero luego se irán. Sin embargo, no sufras, porque incluso aunque solo sea un momento aislado, también es bueno. Sigue y, siempre que te des cuenta, acuérdate, vuelve a agarrar ese hilo. Cuando te olvides, no te preocupes: acuérdate de nuevo y toma ese hilo, y esos intervalos serán cada vez más cortos hasta que empiecen a desaparecer, y entonces habrá una continuidad.

En el momento en que tu conciencia es continua, ya no necesitas usar la mente. No necesitas planear, actúas de acuerdo con tu conciencia, no con tu mente. Entonces no tienes que disculparte ni dar explicaciones. Eres lo que eres sin tener que ocultar nada. Eres lo que eres y no puedes hacer otra cosa. Solo puedes encontrarte en un estado de reminiscencia constante. La verdadera religión, la verdadera moralidad, llega a través de esta reminiscencia, de esta conciencia.

LOS MEJORES MODALES ESTÁN EXENTOS DE CUALQUIER FORMALIDAD

Cuando no eres formal, no hay extraños para ti. Aunque estés en el mercado o en una calle concurrida, nadie es un extraño, todo el mundo es tu amigo. Y en realidad no es que sea solo tu amigo, sino que es una extensión tuya. Entonces la formalidad no es necesaria. Si me doy un pisotón a mí mismo —lo cual es bastante difícil—, no me pido perdón y tampoco me digo: «¡Este sitio está demasiado lleno!».

Cuando te doy un pisotón me lo estoy dando a mí. Una mente que está alerta y sabe que la conciencia es una, la vida es una, el ser es uno y la existencia es una, no está fragmentada. El árbol que florece ahí soy yo mismo con otra forma, la piedra que está ahí en el suelo soy yo mismo con otra forma. Entonces toda la existencia se convierte en una unidad orgánica, la vida fluye a través de ella porque es orgánica, no es mecánica. Una unidad mecánica es diferente, está muerta. El coche es una unidad mecánica: no tiene vida, por eso puedes reemplazar una pieza por otra. Todas las piezas son reemplazables. Pero ¿puedes reemplazar a un ser humano? ¡Es imposible!

Cuando muere una persona, desaparece por completo un hecho único y no puedes reemplazarlo. Si se mueren tu mujer o tu marido, ¿cómo puedes sustituirlos? Aunque te cases con otra mujer, seguirá siendo otra mujer distinta, no es un reemplazo. La sombra de la primera siempre seguirá ahí y no podrás olvidarte de ella porque siempre estará ahí. Aunque se convierta en una sombra, incluso las sombras del amor tienen una realidad.

La vida es una unidad orgánica. No puedes reemplazar una planta, porque cada planta es única y no encontrarás una parecida, no hay otra igual. La vida tiene la característica de que es única. Hasta una pequeña piedra es única y, aunque des la vuelta al mundo en busca de una piedra idéntica, no la encontrarás. ¿Cómo puedes reemplazarla? Esta es la diferencia entre una unidad orgánica y una unidad mecánica. Una unidad mecánica depende de sus partes y las puedes sustituir porque no son únicas. Una unidad orgánica depende del conjunto, no de sus partes. Las partes en realidad no son tales, porque no están separadas del conjunto, sino que forman una unidad y no se pueden reemplazar.

Cuando tomas conciencia de la llama de tu ser interno, te das cuenta de repente de que no eres una isla, sino un continente vasto, eres un continente infinito. No hay límites que te separen del resto. Todos los límites son falsos, son imaginarios. Solo están en la cabeza porque en la existencia no hay límites. Entonces ¿quién puede ser un extraño? Si le das un pisotón a alguien, te lo estás dando a ti, te has pisado tu propio pie. No tienes que disculparte, no tienes que dar explicaciones. No hay otra persona, solo hay una.

Entonces tu vida se vuelve verdadera, auténtica, espontánea, y deja de ser formal, porque ya no tienes que seguir unas normas. Has descubierto la ley suprema: que las normas no son necesarias. Te has convertido en la ley y ahora ya no tienes que acordarte de ninguna ley.

Los mejores modales están exentos de cualquier formalidad.

Una vez Confucio fue a ver a Lao Tzu, el maestro de Chuang Tzu. Confucio era la personificación de los buenos modales. Era la persona más formalista del mundo, nunca había existido nadie que lo llevara hasta tal extremo. Todo él eran modales, formalismo, educación, etiqueta. Y fue a ver a Lao Tzu, que era el extremo opuesto.

> Entonces tu vida se vuelve verdadera, auténtica, espontánea, y deja de ser formal, porque ya no tienes que seguir unas normas.

Confucio era muy anciano y Lao Tzu no lo era tanto. La etiqueta, por lo tanto, requería que Lao Tzu se levantara para recibir a Confucio; sin embargo, permaneció sentado. ¡Confucio no podía creer que un maestro de su categoría, conocido en todo el país por su gran humildad, fuera tan maleducado! No se quedó callado.

Dijo enseguida:

—Eso no está bien. Yo soy mayor que tú.

Lao Tzu se rio a carcajadas y dijo:

—Nadie es mayor que yo. Yo ya existía cuando todo empezó a existir. Tenemos la misma edad, Confucio; todo tiene la misma edad. Llevamos en la existencia toda la eternidad, de modo que suelta el fardo de la edad y siéntate.

Confucio había ido a verlo porque quería hacerle unas preguntas, y dijo:

—¿Cómo debería comportarse una persona religiosa?

Lao Tzu le contestó:

—Cuando interviene el cómo, ya no hay religión. «Cómo» no es una pregunta de una persona religiosa. El cómo demuestra que no eres religioso a pesar de que te comportas como si lo fueras, por eso preguntas cómo.

¿Un enamorado pregunta cómo amar? ¡Simplemente ama! En realidad, solo se da cuenta más tarde de que se ha enamorado. Es posible que se percate de que ha estado enamorado cuando desaparezca su amante. Él simplemente ama. Es algo que sucede. Es un suceso, no es algo que tú hagas.

La forma que tuvo Lao Tzu de responder a todas las preguntas que le formuló Confucio hizo que este se sintiera muy molesto:

—¡Este hombre es peligroso!

Al regresar, sus discípulos le preguntaron:

—¿Qué tal ha ido? ¿Qué te ha parecido Lao Tzu?

Confucio contestó:

—No os acerquéis a él. Seguramente habréis visto serpientes venenosas alguna vez, pero no se pueden comparar con este hombre. Es probable que hayáis oído hablar de la ferocidad de los leones, pero comparada con él no es nada. Este hombre es un dragón que camina por la tierra, es capaz de nadar en el mar y de llegar al extremo del cielo; es muy peligroso. No es para gente pequeña como nosotros. Para él somos demasiado pequeños y él es muy peligroso, es como un abismo. No os acerquéis a él porque podríais marearos y caeros. Incluso yo me he mareado. No he sido capaz de entender lo que decía, se escapa a mi comprensión.

Si intentas comprenderlo a través de la formalidad, Lao Tzu se escapa a tu comprensión; de lo contrario, es muy sencillo. Pero es difícil para Confucio, es casi imposible, porque él lo ve todo a través de las formas, y Lao Tzu no tiene formas ni formalidades. Sin nombre, sin forma, vive en el infinito.

Los mejores modales están exentos de cualquier formalidad.

Lao Tzu estaba sentado y Confucio pretendía que se levantara. ¿Quién tenía mejores modales? Pretender que Lao Tzu se levantara, le diera la bienvenida y lo recibiera por ser mayor que él era muy egoísta por parte de Confucio. Ahora el ego ha tomado la forma de la edad, de ser más anciano. Pero Confucio no podía mirar a los ojos a Lao Tzu, porque este tenía razón. Estaba diciendo: tenemos la misma edad. Realmente, somos lo mismo. Dentro de ti y de mí fluye la misma vida. Tú no eres superior a mí ni yo lo soy a ti. No se trata de ser superior ni inferior, ni se trata de ser más viejo o más joven. No consiste en nada de esto, porque somos uno.

Si Confucio le hubiese mirado a los ojos, se habría dado cuenta de que esos ojos eran divinos... Pero cuando los ojos de una persona están llenos de leyes, normas, reglas y formalidades, es como si estuviera ciego, porque no ve.

El comportamiento perfecto está exento de preocupación. Te comportas bien porque estás preocupado. Te portas bien porque estás preocupado.

El otro día vino a verme un hombre que me dijo: «Me gustaría poder dar el salto y convertirme en tu discípulo, pero tengo familia, mis hijos están estudiando y me siento responsable de ellos».

Está preocupado porque debe cumplir con su obligación, pero no hay amor. La obligación es una preocupación, te hace pensar en términos de lo que tienes que hacer porque es lo que se espera de ti: «¿Qué dirán si me marcho?». ¿A quién le preocupa lo que dirá la gente? Al ego. «¿Qué va a decir la gente? ¿Antes tendré que cumplir con mi deber?». Yo nunca le digo a nadie que se vaya, que renuncie, aunque insisto en que nadie debería quedarse en una relación por obligación, porque eso convierte la relación en algo horrible.

Habría que estar en una relación por amor. Entonces, este hombre no diría: «Tengo que cumplir con mi deber». Diría: «Ahora no puedo quedarme, porque mis hijos están creciendo, los quiero y soy feliz trabajando para ellos». Esto sí transmite felicidad; pero ahora no hay felicidad, solo es una carga.

No puedes ser feliz si tienes una carga, si hasta tu amor se convierte en una carga. Si tu amor se ha convertido en una carga, tu oración será una carga y tu meditación también. Entonces dirás: «Estoy atrapado por culpa de este gurú, de este maestro, y ahora tengo que hacer esto». No surge de ti, de tu totalidad, no es algo que te rebose. ¿Por qué te preocupas? Si hay amor, nunca será una carga estés donde estés. Si amas a tus hijos, aunque te vayas, ellos lo entenderán, pero, si no amas a tus hijos, aunque sigas estando a su disposición, nunca te entenderán y se darán cuenta de que todo lo que estás haciendo es falso.

Esto es lo que ocurre. La gente viene y me dice:

—He trabajado toda mi vida y ahora nadie me lo agradece.

¿Cómo quieres que te lo agradezcan si para ti ha sido una carga? Incluso los niños pequeños se dan perfecta cuenta de cuándo haces algo por amor y cuándo lo haces por obligación. La obligación es horrible, es violenta, es algo que demuestra tu preocupación, pero no manifiesta tu espontaneidad. Chuang Tzu dice: «El comportamiento perfecto está exento de preocupación». Todo lo que hagas surge del amor; no eres sincero porque te convenga ser sincero, lo eres porque la sinceridad es algo maravilloso.

LA VERDADERA SABIDURÍA NO HACE PLANES

Una persona sabia vive cada momento, no hace planes. Solo los hacen las personas ignorantes, y ¿qué planes puede hacer una persona ignorante? Los que parten de su ignorancia. Si no hubiera planeado nada, le habría salido todo mejor, porque la ignorancia solo puede generar más ignorancia y la confusión solo puede generar más confusión.

Una persona sabia vive en cada momento, no hace planes. Entonces, su vida es libre como una nube que flota en el cielo, sin meta, sin un rumbo determinado. Esa persona no tiene un mapa de su futuro, vive sin mapas, se mueve sin ellos, porque lo importante no es la meta, sino la belleza de moverse. Lo crucial no es llegar, lo crucial, en realidad, es el viaje.

Recuerda que lo importante es el viaje, el hecho de viajar. Es tan maravilloso que ¿para qué preocuparnos por la meta? Si te preocupa mucho la meta, te perderás el viaje. Y el viaje es la vida, pero la meta solo puede ser la muerte.

> *Recuerda que lo importante es el viaje, el hecho de viajar. Es tan maravilloso que ¿para qué preocuparnos por la meta?*

El viaje es la vida, y es un viaje infinito. Llevas moviéndote desde el principio, si es que hay uno. Los que saben dicen que no lo hay, de manera que llevas moviéndote desde el no-principio, y te seguirás moviendo hasta el no-fin, pero, si te enfocas en una meta, te lo perderás. Lo que importa es el conjunto del viaje: el camino, el camino sin fin que nunca empieza y nunca acaba.

En realidad no hay ninguna meta, es la mente astuta la que la crea. ¿Hacia dónde va toda la existencia? ¿Adónde va? A ninguna parte. Simplemente va, y ese ir es maravilloso, por eso la existencia no implica ninguna carga. No tiene ningún plan, no tiene ninguna meta, no tiene ningún propósito. No es un negocio. Es un juego, es *līlā*. Cada momento en sí es la meta.

La verdadera sabiduría no hace planes.

El verdadero amor no necesita pruebas.

Si tenemos que demostrar algo es porque no hay amor. Cuanto menos ames, más tendrás que probarlo, porque cuando hay amor no es preciso justificar nada. Cuando un marido llega a casa con un regalo para su mujer, ella sabe que lo está haciendo por algún motivo: «Se habrá pasado de la raya, debe de haber conocido a otra mujer». La explicación es que es un sustituto, porque, si no, el amor mismo es un regalo tan grande que no hace falta nada más.

Esto no quiere decir que el amor no haga regalos, sino que el amor mismo es un regalo. ¿Qué más puedes dar? ¿Es posible entregar más? Cuando el marido siente que algo va mal, intenta arreglarlo. Tiene que volver a poner las cosas en su sitio, a recolocarlas.

Y este es el problema: las mujeres son tan intuitivas que se dan cuenta enseguida, no puedes engañarlas con un regalo. Se percatará inmediatamente de que ha pasado algo; de lo contrario, ¿a qué se debe ese regalo?

Siempre que quieres demostrar algo, lo que estás manifestando es tu pobreza interior. Si tienes que justificar tu religión, es porque no eres religioso. Si tienes que demostrar tu meditación, es porque no eres meditativo. Porque cuando algo es verdad emite tanta luz que no hace falta demostrarlo. Cuando tu casa está encendida y hay resplandor, no tienes que decirles a los vecinos: «Mira, tenemos una lámpara en casa». ¡Ellos la ven!

Pero cuando tu casa está a oscuras intentas convencer a tus vecinos de que hay luz. Cuando tratas de convencerlos, estás intentando hacerte creer a ti mismo que eso es verdad. ¿Por qué necesitas demostrarlo? Porque, si el otro lo cree, su convicción te ayuda a convencerte a ti mismo.

Dicen que el mulá Nasrudín tenía una hermosa casa, pero se había cansado de ella, como le pasa a todo el mundo. Le daba igual que fuera bonita o no, se había aburrido de vivir todos los días en la misma casa. Era una casa preciosa, con un gran jardín y mucho terreno alrededor, tenía una piscina y todo lo necesario. Pero se había hartado, así que llamó a un agente inmobiliario y le dijo:

—Quiero vender mi casa. Estoy harto; esta casa se ha convertido en un infierno.

Al día siguiente por la mañana, salió el anuncio en el periódico. El agente inmobiliario había puesto un anuncio muy bonito. El mulá Nasrudín lo leyó muchas veces, y el anuncio le convenció tanto que llamó al agente:

—Espere, ya no la voy a vender. El anuncio me ha convencido de que es la casa de mis sueños, es la casa que siempre he querido tener.

Cuando convences a los demás de tu amor, tú mismo te convences. En cambio, si tienes amor no es necesario porque ya lo sabes.

Cuando tienes sabiduría, no necesitas demostrarla. Pero si lo que tienes solo son conocimientos, tendrás que demostrarlos. Tendrás que convencer a los demás, y cuando ellos lo crean, tú también creerás que eres una persona con conocimientos. Cuando tienes sabiduría esto no es necesario. Aunque no haya ni una sola persona convencida, tú seguirás estándolo, porque tú mismo eres la prueba de ello.

LA VERDADERA SINCERIDAD NO OFRECE GARANTÍAS

Todas las garantías se deben a tu falta de sinceridad. Garantizas y prometes diciendo: «Te lo garantizo, lo voy a hacer». Al mismo tiempo que lo estás garantizando, no estás siendo sincero.

La verdadera sinceridad no ofrece garantías porque es muy consciente de muchas cosas. En primer lugar, desconocemos el futuro. ¿Cómo puedes ofrecer una garantía? La vida cambia en cada instante, ¿cómo puedes hacer una promesa? Una garantía o una promesa solo valen en este momento, pero en el siguiente no. No sabemos qué ocurrirá en el momento siguiente, tenemos que esperar.

Si de verdad eres sincero y amas a una mujer, no le dirás: «Te amaré para siempre». Si lo haces, estarás mintiendo. Esa garantía es mentira. Cuando amas, este momento es suficiente. Y la mujer no te pedirá que dure para siempre, porque, si hay amor en este momento, se sentirá tan plena que ese instante será suficiente para varias vidas. Un solo momento de amor es una eternidad, y no te pedirá nada más.

Si siempre te lo pregunta es porque en este momento no hay amor: «¿Qué garantías me das? ¿Me querrás para siempre?». En este momento no hay amor y ella busca un aval. En este momento no hay amor, pero tú le prometes seguridad para mañana, porque la única forma de engañarla en este momento es ofreciéndole esa garantía. Puedes inventarte una imagen preciosa de futuro para esconder la fea imagen del presente. Y le dices: «Sí, te querré para siempre, hasta que la muerte nos separe».

¡Qué tontería! ¡Qué falta de sinceridad! ¿Cómo puedes hacer algo así? Sin embargo, lo haces y no te cuesta nada porque no eres consciente de lo que estás diciendo. No sabemos nada de lo que puede ocurrir en el momento siguiente, nadie sabe adónde nos llevará. Nadie sabe lo que va a ocurrir ni puede saberlo. El no saber forma parte del juego del futuro.

¿Cómo puedes garantizar algo? A lo sumo podrás decir: «Te amo en este momento, y en este momento siento que —es algo que sientes ahora mismo— ni la muerte nos separará. Pero solo es lo que siento ahora. No es una garantía. Ahora mismo siento que puedo decirte que siempre te querré, porque lo siento así en este momento, pero no tengo la seguridad. Nadie sabe lo que nos deparará el futuro. No sabíamos que iba a llegar este momento, ¿cómo podemos saber lo que va a ocurrir en otro momento? Habrá que esperar. Tendremos que anhelar que eso ocurra, que te ame para siempre jamás. Pero no es una garantía».

La verdadera sinceridad no puede darte garantías. La verdadera sinceridad es tan sincera que no promete nada. Te da todo lo que pueda dar aquí y ahora. La verdadera sinceridad vive en el presente, no sabe lo que puede pasar en el futuro. La mente se mueve en el futuro, pero el ser vive aquí y ahora. La verdadera sinceridad forma parte del ser, no de la mente.

El amor, la verdad, la meditación, la sinceridad, la sencillez y la inocencia forman parte del ser. Sus opuestos pertenecen a la mente, y la mente inventa falsas monedas para ocultar estos opuestos: la falsa sinceridad que garantiza y promete; el falso amor que solo es otra forma de decir «obligación»; la falsa belleza que solo es un rostro que tapa la fealdad. La mente inventa falsas monedas, pero ten en cuenta que solo te engaña a ti y a nadie más.

Hemos terminado por hoy.

> La verdadera sinceridad no puede darte garantías. La verdadera sinceridad es tan sincera que no promete nada.

2

La culpa, el pecado y el arrepentimiento

L as religiones siempre han dado mucha importancia al arrepentimiento. Jesús dice constantemente a los hombres: «¡Arrepentíos, arrepentíos, porque el Reino de Dios está cerca! ¡Arrepentíos, porque va a llegar el día del juicio final!».

Las religiones primero te hacen sentir culpable, porque, si no el arrepentimiento no tendría sentido. Te has fijado en una mujer guapa que pasaba por ahí y ha despertado un deseo dentro de ti, el corazón ha empezado a latirte más deprisa. Pero estás casado, tienes media docena de hijos y, peor aún, eres católico. No te conviene. Empiezas a sentirte culpable aunque no hayas hecho nada, pues el sentimiento está ahí. ¿Cómo vas a quitarte esa culpabilidad de encima?

Te sientes culpable hacia tu mujer, así que le llevarás un helado..., en señal de arrepentimiento. Y tu mujer deduce que has hecho algo que está mal, si no ¿por qué le llevas un helado? Les regalas juguetes a los niños..., en señal de arrepentimiento. Pero eso no basta. Tendrás que ir al sacerdote y confesar que has visto pasar a una mujer guapa y te ha despertado el deseo sexual. «Eso no está bien. Pídele a Dios de mi parte que me perdone». Así te quedas tranquilo. Sin embargo, no has hecho nada, solo gastar dinero en helado y juguetes sin necesidad, ir a ver a un sacerdote y convertirte en su víctima, porque ahora siempre estarás sometido a él.

La religión católica ejerce más poder sobre sus seguidores que ninguna otra, por el hecho de que todo el mundo tiene que confesar sus pecados. Como es obvio, el sacerdote sabe muchas cosas de cada uno..., ¡y no podrás abandonar el redil o te delatará! La confesión sirve para que todo el mundo esté maniatado y nadie pueda salirse del redil.

La idea que te han inculcado es que esta es la forma de arrepentirte, pero, en realidad, la mayor parte de las veces no has cometido ningún pecado. Mirar a una mujer guapa y que tu corazón empiece a latir más deprisa es completamente normal, es acorde a la naturaleza. Es respetuoso con la mujer. En una sociedad mejor y más humana, en la que hayan desaparecido todas estas religiones muertas, podrás acercarte a esa mujer y darle las gracias por su belleza, agradecerle que esté viva. Cuando ves un rosal no te sientes culpable, cuando ves una preciosa puesta de sol no te sientes culpable. Entonces ¿por qué deberías sentirte culpable cuando ves a una mujer guapa o a un hombre guapo? La belleza no es un pecado. Habría que respetarla. En un mundo más inteligente, más comprensivo y más humano, la otra persona estaría agradecida de recibir un cumplido. No le estás haciendo daño a nadie.

La mayor parte de tus pecados no lo son en absoluto. Pueden ser errores, pero no pecados.

En mi forma de vivir no existe la palabra «pecado». Es posible que no sepas que la raíz original de la que proviene la palabra pecado significa «olvido». ¡Está muy bien, es lo que debería significar! Has cometido un error porque no te has dado cuenta, porque te has olvidado. La idea de pecado la inventaron los sacerdotes para reprimirte, someterte, humillarte y socavar tu dignidad. Pero el olvido es comprensible. Puedes hacer algo sin darte cuenta de lo que has hecho, y percatarte más tarde de que está mal. Entonces, en vez de ir al sacerdote, lo mejor que puedes hacer es ir a hablar con la persona a la que le has hecho daño.

> En mi forma de vivir no existe la palabra "pecado". Es posible que no sepas que la raíz original de la que proviene la palabra pecado significa "olvido".

¿Qué tiene que ver el sacerdote en todo esto? ¿Qué papel desempeña Dios en todo esto? Deberías ir a pedirle perdón a la persona a la que has herido. Eso sería muy bonito y favorecería el acercamiento entre la gente.

El método de los hindúes es todavía más sencillo. Todos los años van al Ganges, se dan un buen baño y así borran todos sus pecados. ¿Por qué hacer pequeños pagos fraccionados cada semana? ¿Por qué no hacerlo una vez al año? Y si no consigues hacerlo una vez al año, tienes una feria especial cada doce años en Allahabad, que posiblemente sea la mayor aglomeración de personas del mundo, a la que van millones de individuos. Si te bañas en el Ganges, quedarás limpio de cualquier pecado que hayas cometido durante esos doce años y podrás repetirlo otra vez. Y te quedas tranquilo otros doce años.

En Occidente, el pecado se ha convertido en la parte central del cristianismo. Según ellos, no es que cometas pecados porque seas ignorante, sino que eres ignorante porque pecas. El pecado tiene una importancia capital. Y no son solo los que tú cometes, ¡sino incluso el pecado original de toda la humanidad! Te cargan con el concepto del pecado y esto te genera culpabilidad, tensión. Este es el motivo por el cual el cristianismo no ha desarrollado técnicas de meditación, sino solo la oración, porque, ¿cómo puedes evitar el pecado? Siendo moral y rezando. En Oriente no existe nada parecido a los diez mandamientos, no hay un concepto tan moralista, de modo que la gente tiene otros problemas. El problema de los occidentales es que en el fondo siempre se sienten culpables. Es una cuestión más psicológica, está más relacionada con la mente que con el ser. Tienen que liberarse del sentimiento de culpa de alguna forma. Por eso los occidentales han desarrollado el psicoanálisis o la confesión. En Oriente esto nunca ha hecho falta, por eso no se ha creado.

En Occidente tienes que confesarte, solo así puedes liberarte del sentimiento de culpa que hay en el fondo de tu ser. O tienes que hacer psicoanálisis y un largo proceso de asociación de ideas para liberarte de la culpa. Pero nunca lograrás liberarte del todo, volverá, porque la idea del pecado sigue estando ahí. Y volverá a generarse, se acumulará de nuevo. De modo que el psicoanálisis solo sirve como un alivio momentáneo, igual que la confesión. Tendrás que confesarte una y otra vez. Son alivios momentáneos de algo que se ha aceptado: la raíz de esta enfermedad.

En Oriente no se trata de psicología, sino del ser. No se trata de salud mental, sino, más bien, de crecimiento espiritual. Debes crecer espiritualmente, debes ser más consciente de las cosas. No tienes que cambiar tu comportamiento básico, sino tu conciencia básica, y tu comportamiento hará lo propio a continuación.

El cristianismo es más conductista y más deficiente en este aspecto, porque el comportamiento está en la periferia. No se trata de lo que hagas, sino de lo que eres. Tú no vas a cambiar por modificar lo que hagas, seguirás siendo el mismo aunque hagas lo contrario. Aun cuando seas un santo, puedes tener el ser de un pecador, porque cambiar lo que haces es muy fácil, puedes obligarte a ello. Así, el problema de todos los occidentales siempre es el comportamiento, el sentimiento de culpa. Pero yo quiero que se den cuenta de que hay un problema más profundo, que es el ser, y no la psique.

Como se ha castigado y censurado todo, el mundo entero se ha convertido en una infinidad de «pecadores». No puedes hacer nada sin que otro lo repruebe. Cuando todo se desaprueba, te conviertes en pecador. Y entonces aparece la culpa, y cuando hay un sentimiento de culpa, aunque reces, tu oración estará envenenada porque ha nacido de tu culpa. Cuando te sientes culpable, rezas, pero esta oración se basa en el miedo. Ni es amor ni puede serlo. Cuando hay culpa es imposible que haya amor. Cuando te sientes juzgado, cuando te autopercibes como un pecador, no puedes amar.

Las que han necesitado crear este complejo de culpa han sido las religiones, no tú. Su negocio solo funcionará mientras te hagan sentir culpable.

El negocio de la religión se basa en el sentimiento de culpa que puedan transmitir a las masas. Las iglesias, los templos y las religiones solo existen gracias a tu sentimiento de culpa. No las ha creado Dios, las ha creado tu culpa. Cuando te sientes culpable, necesitas que un sacerdote te confiese. Cuando te sientes culpable, necesitas que alguien te guíe, te purifique.

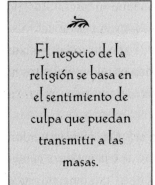

El negocio de la religión se basa en el sentimiento de culpa que puedan transmitir a las masas.

Cuando te sientes culpable, pierdes tu centro y te dejas guiar por alguien. Y solo puedes convertirte en parte de las multitudes si no eres tú mismo. Por eso perteneces al cristianismo, al hinduismo o al islamismo. El hecho de «pertenecer» nada más existe cuando hay un sentimiento de culpa. No puedes estar solo. Te sientes culpable y no puedes contar contigo mismo, ni fiarte de ti, ni ser independiente. Necesitas algo, una gran organización, un culto o un credo para poder esconderte bajo su manto y olvidarte de tu culpa. O un salvador y alguien que sufra por tus pecados. Esto es absurdo.

NI EL GANGES NI DIOS TE PUEDEN PERDONAR

Probablemente no sepas que en Tailandia hay una tribu muy primitiva en la que cuando alguien hace daño a alguien aunque sea en sueños —por ejemplo, si una persona golpea a otra en sueños—, lo primero que tiene que hacer por la mañana es ir a pedirle perdón a esa persona, pues en el fondo algún deseo ha provocado ese sueño.

Le dice: «No te he hecho daño y nunca te haré daño. No me había dado cuenta de que deseaba hacerte daño, pero debe de ser así, porque los sueños forman parte de la realidad. Tienen que surgir de algo».

Y te sorprenderá saber que esa pequeña tribu es la más pacífica del mundo: no pelean, no hay violaciones ni asesinatos, no hay suicidios. Y llevan miles de años comportándose del mismo modo. Poco a poco, también han dejado de soñar. Se han vuelto tan inocentes que ya no tienen deseos de ser violentos ni de violar ni de torturar o asesinar a alguien, ni siquiera en su inconsciente.

Llevan miles de años siguiendo esta práctica de pedir perdón a la persona a la que ofenden en sueños…, y la persona se sorprende, porque no tiene conciencia de que le hayan hecho nada, y aun así los abraza y les dice: «No te preocupes, solo ha sido un sueño».

Y ellos insisten: «Aunque solo haya sido un sueño, lo he soñado. Estoy implicado en ese sueño y, si no me perdonas, sufriré».

Si Sigmund Freud hubiese ido a Tailandia y hubiese conocido a esa tribu, le habría sorprendido que su psicoanálisis no sirviera para nada, porque, como apenas sueñan, no habría podido psicoanalizarlos. De vez en cuando alguien sueña algo, pero han descubierto cómo eliminar hasta el menor deseo inconsciente.

En tu vida no hay nada que pueda considerarse un pecado. A lo sumo, podrás cometer algún error, hacer algo que no querías hacer, y eso te produce desasosiego. Entonces tendrás que poner algo en marcha para deshacer lo hecho.

Yo no te enseño religión, simplemente quiero decirte la verdad. Si has hecho algo mal, ve a ver a esa persona. Sé humilde, pídele perdón. Solo te puede perdonar esa persona, nadie más; ni el Ganges ni Dios.

Y recuerda el significado de la palabra «pecado»: «olvido». No vuelvas a olvidarte ni vuelvas a hacer lo mismo; de lo contrario, no tendrá sentido que pidas perdón.

Ten cuidado, estate alerta, sé consciente y no repitas lo mismo. En esto consiste el verdadero arrepentimiento. Aunque te hayas equivocado una vez, solo ha sido una equivocación. Errar es humano, no tienes que preocuparte.

NO HAY NADA QUE LIMPIE MÁS QUE EL ARREPENTIMIENTO

Jesús dijo:
Me presenté en medio del mundo y me manifesté ante ellos encarnado.

Me los encontré a todos ebrios y no vi que ninguno de ellos tuviera sed.

Mi alma está afligida por los hijos del hombre, porque su corazón está ciego y no se percatan de que han llegado vacíos a este mundo y saldrán de él vacíos.

Por el momento, todos están ebrios, pero cuando hayan expulsado su vino se arrepentirán.

Jesús dijo: Es un prodigio que la carne haya llegado a existir gracias al espíritu, pero el mayor prodigio es que el espíritu haya llegado a existir gracias al cuerpo. Y me maravillo de cómo toda esta riqueza ha venido a alojarse en esta pobreza.

Del Evangelio de Tomás

Jesús o Buda, o cualquier persona que haya despertado, os encontrará a todos ebrios. Hay muchos tipos de embriaguez, pero la embriaguez está ahí. No estás alerta, no estás despierto, solo crees que estás despierto y alerta. Estás dormido desde que naces hasta que mueres.

Gurdjieff solía contar esta breve historia:

Había un hombre que poseía miles de ovejas y siempre estaba preocupado porque se le perdían y eran víctimas de las bestias salvajes. Entonces le preguntó a un sabio qué debía hacer, y el sabio le contestó:

—Ten perros guardianes.

El hombre buscó cien perros para cuidar sus ovejas. Los perros no dejaban que las ovejas se escaparan, y cuando una intentaba hacerlo, la mataban.

Los perros se fueron acostumbrando a matar y acabaron por convertirse en un peligro. Así que el hombre fue de nuevo a ver al sabio.

—Esto se ha vuelto peligroso —dijo—, porque los que tenían que ocuparse de proteger se han convertido en asesinos.

Es lo que ocurre siempre; los políticos son los que tienen que proteger, son los perros guardianes, pero en cuanto tienen poder, empiezan a matar.

—Solo hay una solución —dijo el sabio—. Iré yo.

Y fue e hipnotizó a todas las ovejas:

—Estáis despiertas, estáis alerta, sois completamente libres. No tenéis dueño.

Las ovejas se quedaron en ese estado hipnótico y ya no intentaban escaparse. No lo hacían porque no estaban en una cárcel y todas creían ser su propia dueña, su propio amo. Y aunque el amo matase a una oveja de vez en cuando, ellas pensaban:

—Era su destino, no el mío. Nadie puede matarme, porque mi ser es inmortal, soy totalmente libre, de modo que no necesito escapar.

Los perros guardianes ya no hacían falta. El amo estaba tranquilo porque sus ovejas seguían hipnotizadas y vivían medio dormidas.

Y ese es el estado en el que estás tú, en el que te encuentra Jesús y en el que te hallo yo. Sin embargo, nadie te ha hipnotizado, has sido tú mismo. Tú eres, al mismo tiempo, el sabio que ha hipnotizado a las ovejas y las ovejas que han sido hipnotizadas. Te has hipnotizado a ti mismo.

Hay una manera de hipnotizarse uno mismo, que consiste en tener constantemente el mismo pensamiento e hipnotizarte con él. Si miras algo de forma permanente, te hipnotizas mirándolo. Si le das vueltas a algo sin cesar en la cabeza, te hipnotizas con eso. No importa adónde vayas, porque siempre vas cargando con tu mente, y la mente crea un mundo a tu alrededor. Algunos se hipnotizan con el sexo; otros, con la riqueza; otros, con el poder, pero todo el mundo está hipnotizado. Y no te lo ha hecho nadie, has sido tú mismo, es obra tuya. Llevas tanto tiempo haciéndolo que te has olvidado de que eres el mago y la oveja al mismo tiempo.

Cuando una persona se da cuenta de que es el mago y la oveja, las cosas empiezan a cambiar, porque ha habido una primera chispa de transformación. Ya no volverás a ser el mismo porque la hipnosis ha empezado a desaparecer. Es un punto de inflexión, dentro de ti ha surgido un poco de conciencia.

Puede haber varios objetos de hipnosis. Busca cuál es el de la tuya, cuál es el que te atrae más, cuál es el que se ha convertido en el foco principal de tu vida, y observa cómo te hipnotiza. El método de la hipnosis es la repetición. Es ver algo o pensar en algo constantemente. Cuando vas a un hipnotizador, te dice: «Te estás quedando dormido, dormido, dormido, dormido». Repite lo mismo muchas veces con una voz monótona, y en poco tiempo te duermes profundamente. Lo único que ha hecho es repetir lo mismo. Cuando oyes algo muchas veces, te quedas dormido, te hipnotizas a ti mismo.

No te olvides de esto, porque lo estás haciendo constantemente y la sociedad también lo hace constantemente. El mecanismo de la propaganda es la repetición. Los políticos no se cansan de repetir ciertas cosas. Repiten una cosa y no les preocupa que los estés escuchando o no. La cuestión no es atender, ellos siguen repitiéndolo y así te van convenciendo, persuadiendo; no es una cuestión lógica ni racional —ellos nunca debaten contigo—, pero te hipnotizan a través de la repetición.

Hitler siempre repetía que los judíos eran el motivo de la desgracia y la caída de Alemania: «Cuando destruyamos a los judíos, se acabará el problema. Vosotros sois los amos del mundo, sois una raza especial. Estáis aquí para dominar, sois una raza superior».

Al principio, no se lo creían ni sus amigos, y él tampoco, porque era una mentira flagrante. Pero después de insistir tanto la gente empezó a creérselo poco a poco, porque los había hipnotizado. Y cuando todos estaban hipnotizados con esa idea, él también empezó a creer que debía de ser verdad, porque «si hay millones de personas que lo creen, debe de ser verdad». Después también empezaron a creérselo sus amigos, y todos se hipnotizaron mutuamente, hasta que, al final, toda Alemania se lo creyó.

Una de las razas más inteligentes del mundo se comportó de una forma muy insensata. ¿Por qué? ¿Qué le pasó a la mente alemana? Solo consistió en repetir, en hacer propaganda.

Hitler escribió en su autobiografía, *Mein Kampf*, que hay una técnica muy sencilla para convertir una mentira en verdad, y consiste en repetirla. Y lo sabía por experiencia propia. Cuando repites una cosa determinada, como fumar, y fumas todos los días, se acaba convirtiendo en una hipnosis. Luego, aunque sepas que no sirve para nada, que es trivial, que es una tontería y es peligroso para la salud, no puedes hacer nada, porque se ha convertido en una autohipnosis. Una persona que come más de la cuenta sabe que es malo y sufre por culpa de ello, siempre está enferma, pero, aun así, cuando se sienta a comer no puede evitarlo. Tiene una obsesión. ¿Qué es una obsesión? Es llevar tanto tiempo haciendo algo que se convierte en una hipnosis. Se ha embriagado.

> Hitler escribió en su autobiografía, *Mein Kampf*, que hay una técnica muy sencilla para convertir una mentira en verdad, y consiste en repetirla.

Una noche, el mulá Nasrudín volvió a casa muy tarde, debían de ser las tres de la madrugada. Cuando llamó a la puerta, su mujer le abrió muy enfadada.

—¡Espera! —exclamó el mulá—. Déjame que te lo explique y luego puedes empezar. Vengo de ver a un amigo que está muy enfermo.

—*¡Claro, esa es una historia muy creíble!* —*exclamó la mujer*—. *¿Y cómo se llama ese amigo?*

Nasrudín se quedó pensando y al rato respondió triunfante:

—*¡Está tan enfermo que no me lo ha podido decir!*

Cuando la mente está ebria, encuentra excusas, pero todas son falsas, como la de Nasrudín: «Mi amigo estaba tan enfermo que no me lo ha podido decir». Encuentras excusas para el sexo, para fumar, para tus ansias de poder, pero todas esas excusas son lamentables. La verdadera cuestión es que no estás dispuesto a reconocer que se ha convertido en una obsesión, que te has obsesionado y estás bajo los efectos de una hipnosis.

Esto es lo que se encuentra Jesús: a todo el mundo embriagado y profundamente dormido. Tú no te lo vas a encontrar porque tú también estás dormido. Hasta que no te despiertes, no te darás cuenta de lo que ocurre a tu alrededor. Todo el mundo se mueve como un sonámbulo, por eso hay tanta infelicidad, tanta violencia y tanta guerra. Es innecesario, pero ocurre porque alguien que está dormido y ebrio no es responsable de sus actos. Si una persona le preguntara a Jesús qué puede hacer para cambiar, Jesús le diría: no puedes hacer nada mientras no te despiertes. ¿Qué puedes hacer? ¿Qué puede hacer una persona que está profundamente dormida para cambiar sus sueños? ¿Tiene capacidad para hacer algo?

Esta es la misma pregunta que le hacían a Gurdjieff, y él fue el mayor representante de Jesús en nuestra era, no el papa del Vaticano. Gurdjieff es quien más le representa, porque creía en el mismo método de fricción que usaba Jesús y lo utilizaba para trabajar. Se inventó muchas cruces diferentes para que la gente se las colgara y se transformara. Gurdjieff también decía que no puedes hacer nada, antes tienes que ser, pero, cuando no estás despierto, crees que estás ahí aunque no lo estés. Esta creencia no te ayuda.

Fíjate en estas sentencias. Son muy hondas, muy profundas, muy significativas y pueden convertirse en una luz que te guíe en el camino. Recuérdalas.

Jesús dijo:

Me presenté en medio del mundo y me manifesté ante ellos encarnado.

Me los encontré a todos ebrios y no vi que ninguno de ellos tuviera sed.

Jesús nunca renunció al mundo, vivió entre nosotros. No era un escapista: iba al mercado, estaba con la gente, hablaba con las prostitutas, con los obreros, con los campesinos, con los pescadores. Nunca se alejó del mundo, permaneció entre vosotros. Conocía el mundo mejor que una persona que ha huido de él.

No es de extrañar que el mensaje de Jesucristo fuera tan potente. El mensaje de Mahavira nunca fue tan potente, pero Jesús ha conseguido convertir casi a la mitad de la humanidad. ¿Por qué? Porque permaneció en el mundo, entendía el mundo, captaba lo que ocurría, comprendía a la gente, interpretaba la mente humana. Se relacionaba con ellos, sabía cómo funcionaban —sabía que estaban dormidos, ebrios— y empezó a buscar una forma de despertarlos.

La última noche, cuando lo capturaron —o se dejó capturar—, cuando representó el último drama, estaba con él un discípulo, y Jesús le dijo:

—Esta es mi última noche y voy a sumirme en una profunda oración. Necesito rezar y quiero que te quedes vigilando. ¡No te duermas! Volveré para comprobar que estás despierto..., ¡recuerda que es mi última noche!

Jesús se marchó y volvió al cabo de media hora. El discípulo se había quedado profundamente dormido. Él lo despertó y le dijo:

—Estás profundamente dormido, y te había dicho que te quedaras vigilando porque es mi última noche. ¡Vigila, porque cuando no esté aquí podrás dormir para siempre! Pero mientras estés conmigo..., ¡y sobre todo esta noche, que es mi última noche, vigila!

El discípulo le dijo:

—Lo siento, tenía tanto sueño que no lo he podido remediar, pero ahora lo intentaré.

Jesús se fue a rezar otra vez. Volvió media hora después y se encontró a su discípulo durmiendo otra vez. Lo volvió a despertar y le preguntó:

—¿Qué haces? ¡Pronto va a amanecer y me van a capturar!

El discípulo dijo:

—Perdóname, te lo ruego, pero la carne es muy fuerte y la voluntad es débil, y mi cuerpo estaba tan cansado que pensé: «No pasa nada si me duermo un rato. Solo será un sueño breve y antes de que vuelva me habré despertado».

Cuando Jesús volvió por tercera vez se encontró a su discípulo profundamente dormido. Esto es lo que ocurre con todos los discípulos. La somnolencia se convierte en su segunda naturaleza. ¿Qué significa somnolencia? Significa no estar alerta de lo que eres, y cualquier cosa que hagas en ese estado es irresponsable. Estás loco y todo lo haces como si estuvieras ebrio.

Jesús dice:

Me presenté en medio del mundo y me manifesté ante ellos encarnado.

Me manifesté ante ellos encarnado —tenía un cuerpo, podían verme, podían oírme, podían sentirme—, pero, aun así, se lo perdieron. Se lo perdieron porque... *me los encontré a todos ebrios.* Realmente no estaban ahí, no estaban conscientes. Llamé a sus puertas, pero no estaban en casa.

Si llega Jesús a tu casa y llama a tu puerta, ¿estarás ahí para recibirle? No: estarás en otra parte, porque nunca estás en casa. Das vueltas por todo el mundo excepto por tu casa.

¿Dónde está tu casa? Está en tu interior, tu casa está donde está el centro de la conciencia. Pero nunca estás ahí, porque solo estás ahí cuando meditas profundamente. Y entonces reconoces a Jesús enseguida, tenga un cuerpo o no lo tenga. Si estás en casa, reconocerás su forma de llamar. Pero ¿cómo puedes reconocerlo si no estás en casa? Aunque Jesús llame a tu puerta, tú no estarás ahí. Ese es el significado de la palabra «ebrio»: no estar en casa.

> ¿Dónde está tu casa? Está en tu interior, tu casa está donde está el centro de la conciencia.

Tomas alcohol o drogas para olvidarte de ti; cuando quieres olvidarte, bebes. Beber significa olvidar, y la religión consiste en recordar; por eso todas las religiones están en contra de la bebida. No es que la bebida en sí sea mala. Si no has emprendido el camino de la religiosidad, no pasa nada, pero cuando has emprendido este camino no puede haber nada peor, porque el camino consiste en recordarte a ti mismo, y la bebida es olvidar.

¿Por qué quieres olvidarte? ¿Por qué estás tan harto de ti mismo? ¿Por qué no puedes vivir contigo mismo? ¿Por qué no puedes estar tranquilamente alerta? ¿Qué problema hay? El problema es que siempre que estás alerta, o solo, te sientes vacío, como si no fueras nadie. Percibes la nada que hay en tu interior, y esa nada se convierte en un abismo. Te asustas y huyes de ella. En el fondo de tu ser eres un abismo, por eso siempre estás huyendo. Buda denominó a este abismo no ser *anatta*. Dentro de ti no hay nadie. Si miras, verás una gran extensión desierta: es tu cielo interior, un abismo infinito, sin final, sin principio. En cuanto lo ves te mareas y sales corriendo, huyes de inmediato. Pero ¿adónde puedes ir? Vayas donde vayas, ese vacío irá contigo porque eres tú. Es tu tao, es tu naturaleza. Tienes que reconciliarte con él.

La meditación es reconciliarte con tu vacío interior, reconocerlo y no huir, vivir a través de él y no huir, existir a través de él y no huir. Y, de repente, ese vacío se convierte en la plenitud de la vida. Si no huyes, se convierte en lo más maravilloso y puro que hay, porque solo el vacío puede ser puro. Si hay algo es porque ya ha entrado tierra; si hay algo es porque ya ha entrado la muerte; si hay algo es porque ya ha entrado la limitación. Si hay algo ya no puede haber divinidad. Divinidad significa «el gran abismo, el abismo supremo». Está ahí, pero nunca te han enseñado a verlo.

La meditación es reconciliarte con tu vacío interior, reconocerlo y no huir, vivir a través de él y no huir, existir a través de él y no huir.

Es como ir a un monte y mirar hacia el valle: da vértigo. No quieres mirar, te da miedo porque podrías caerte. No hay un monte tan alto ni un valle tan profundo como el que habita en tu interior. Cuando miras en tu interior te mareas, sientes náuseas. Huyes enseguida, cierras los ojos y sales corriendo. Llevas millones de vidas corriendo y todavía no has llegado a ningún sitio, ni podrás llegar.

Tienes que reconciliarte con tu vacío interno y, cuando lo hayas hecho, de repente ese vacío cambiará de naturaleza y se convertirá en el todo. Ya no estará vacío, no será negativo; será lo más positivo de la existencia. Pero la puerta es la aceptación.

Por eso tienen tanto atractivo el alcohol, el LSD, la marihuana y las drogas. Hay muchos tipos de drogas: físicas, químicas, mentales, la riqueza, el poder, la política..., todo es una droga.

Fíjate en un político: está drogado, ebrio de poder, no pisa la tierra. Fíjate en un hombre rico. ¿Crees que pisa la tierra? No, sus pies no la tocan, vuela porque tiene riqueza. Solo los pobres y los mendigos pisan la tierra, pero un hombre rico va volando por el cielo. Cuando te enamoras de una mujer, de repente empiezas a volar y no pisas la tierra. Comienza un romance y esto cambia la cualidad de tu ser, porque ahora estás ebrio. El sexo es el alcohol más fuerte que hay en la naturaleza.

Jesús dijo:

Me los encontré a todos ebrios y no vi que ninguno de ellos tuviera sed.

Hay que entender esto muy bien, es una cuestión muy delicada: si esta vida te embriaga, no podrás tener sed de la otra vida. Si te emborrachas con el alcohol normal, con el vino corriente, ¡es imposible que puedas tener sed del alcohol divino! La sed surge cuando no te has embriagado con este mundo, cuando nada de lo que hay en este mundo puede colmar tu sed, y solo puede saciarla lo desconocido, solo puede calmarla lo invisible. Jesús dijo algo muy contradictorio: «Me los encontré a todos ebrios y no vi que ninguno de ellos tuviera sed». Nadie tenía sed, creían que habían encontrado la llave, el tesoro, el reino, y dejaron de buscar.

La divinidad es otra clase de embriaguez. Kabir dijo: «*Aisi tari lagi*: me he embriagado hasta tal punto que ahora ya no hay nada que pueda cambiarlo, es eterno». Pregúntaselo a Omar Kayyam, él lo sabe, él habla del vino del otro mundo. Fiztgerald lo ha malinterpretado por completo, porque no está hablando del vino que hay aquí, está hablando del vino divino, que es el símbolo sufí de Dios. Cuando estás ebrio de divinidad, entonces ya no tienes sed.

Pero este mundo y su vino solo pueden aliviarte de forma temporal, solo pueden darte intervalos efímeros de olvido. Hay una diferencia diametral: cuando alguien está ebrio con el vino de la divinidad, está alerta por completo, despierto, plenamente consciente. Cuando alguien está ebrio con el mundo y sus vinos, está hipnotizado, dormido, se mueve con sopor, vive dormido y toda su vida es un largo letargo.

Me los encontré a todos ebrios y no vi que ninguno de ellos tuviera sed.

Mi alma está afligida por los hijos del hombre, porque su corazón está ciego y no se percatan de que han llegado vacíos a este mundo, y saldrán de él vacíos.

Mi alma está afligida... No te puedes imaginar el grado de sufrimiento de Jesús o de Buda cuando te miran y ven que te has embriagado con el mundo, pero no tienes sed de lo divino, de la verdad. Vives de mentiras, crees en ellas como si fuesen verdad, y estás perdiéndotelo todo a cambio de nada. Entonces, las cosas más insignificantes pueden convertirse en un obstáculo.

Había un hombre que estaba muy enfermo. Su enfermedad consistía en sentir que se le salían los ojos de las órbitas y que los oídos le pitaban constantemente. Con el tiempo empezó a volverse loco, porque se pasaba las veinticuatro horas del día así y no podía dormir ni trabajar.

Consultó a varios médicos. Uno de ellos le dijo: «Tienes que extirparte el apéndice», y se lo extirpó, pero no se curó. Otro médico le dijo: «Tienes que sacarte todos los dientes», y se los sacó, pero no se curó, lo único que consiguió era estar más viejo. Luego alguien le dijo que debería operarse de las amígdalas. Todo el mundo te da consejos y, si les haces caso, te mueres. Se operó de las amígdalas, pero tampoco se curó. Entonces se fue a ver al mejor médico conocido.

El médico hizo un diagnóstico y dijo:

—No encontramos la causa, así que no hay remedio. Como mucho te quedan seis meses de vida. Debo ser franco contigo; hemos hecho todo lo que hemos podido, ya no podemos hacer más.

El hombre salió de la consulta, y pensó: «Si solo me quedan seis meses de vida, ¿por qué no darme a la buena vida?». Era un hombre muy tacaño, nunca se había dado a la buena vida, así que se compró el último modelo de coche y el más grande que había, y un maravilloso chalet. Luego encargó treinta trajes a medida y treinta camisas a juego.

Cuando fue a la sastrería a tomarse las medidas, el sastre dijo:

—Talla de las mangas, treinta y seis; cuello, dieciséis.

—No —dijo el hombre—, la talla de mi cuello es la quince, es la que siempre uso.

El sastre volvió a medir, y dijo:

—¡Dieciséis!

—¡Pero yo siempre uso la quince! —protestó el hombre.

—A mí me da igual —dijo el sastre—, haz lo que quieras, pero ¡te aseguro que con la talla quince se te saldrán los ojos de las órbitas y te pitarán los oídos!

Te estás perdiendo lo divino, ¡y no es por una gran causa! Si usas la talla quince, se te saldrán los ojos de las órbitas y no verás nada, y no oirás porque te pitarán los oídos.

El origen de la enfermedad del hombre es muy simple, y es que es adicto a las cosas pequeñas. Todas las cosas que hay en este mundo son muy pequeñas. Aunque tengas un imperio, ¿qué significa? Es muy pequeño. ¿Dónde están todos los imperios que ha habido a lo largo de la historia? ¿Dónde está Babilonia? ¿Dónde está Asiria? ¿Dónde está el reino de los faraones? Todos han desaparecido y ahora solo hay ruinas, y estamos hablando de imperios muy grandes. ¿Qué consiguieron con todos esos imperios? ¿Qué consiguió Gengis Kan? ¿Qué consiguió Alejandro Magno? Un imperio es algo muy trivial.

Y no sabes lo que te estás perdiendo, te estás perdiendo el reino de Dios. Aunque tengas éxito, ¿qué vas a conseguir? ¿Adónde te llevará? Mira a todas las personas que han triunfado y diagnostícalas: ¿adónde han llegado? Fíjate en los que están sentados en el trono del éxito: ¿qué han alcanzado? Ellos también buscan la paz mental, incluso más que tú. Ellos también temen la muerte y tiemblan, igual que tú.

Si te fijas con detenimiento en todas las personas que han triunfado, verás que ellos también tienen los pies de barro. La muerte se los llevará, y todo su éxito y su fama ser irán con ellos. Esto parece una pesadilla: tanto esfuerzo, tanto sufrimiento, tantas dificultades, para no tener nada. Y al final llega la muerte y todo se esfuma como una pompa de jabón. Y por culpa de esa pompa nos estamos perdiendo lo que es eterno.

Mi alma está afligida por los hijos del hombre, porque su corazón está ciego y no se percatan de que han llegado vacíos a este mundo y saldrán de él vacíos.

Has llegado vacío, pero no exactamente vacío, sino lleno de deseos. Te irás vacío, pero no exactamente vacío, sino de nuevo lleno de deseos. Aunque los deseos son sueños —sigues estando vacío—, no son sustanciales. Naces vacío, vas por el mundo acumulando cosas, creyendo que esas cosas te van a dar la plenitud. Y sigues vacío. La muerte te arranca todo y vuelves de nuevo a tu tumba otra vez vacío.

¿Adónde te lleva esta vida? ¿Cuál es su sentido y su conclusión? ¿Qué consigues con todo esto? Esta es la aflicción que sienten Jesús o Buda cuando miran a la gente y se dan cuenta de que están ciegos. ¿Por qué están ciegos? ¿En qué reside su ceguera? No es que no sean inteligentes, incluso demasiado inteligentes, más de lo necesario. Más de lo que se puedan permitir, más de lo que les conviene. Son muy inteligentes, son muy astutos. Creen que son sabios. No es que no vean; ven, pero solo lo que pertenece a este mundo. Su corazón está ciego, no ve.

¿Puedes ver con el corazón? ¿Alguna vez has visto algo con el corazón? Es probable que hayas pensado muchas veces «está saliendo el sol y hace una mañana preciosa», creyendo que es un sentimiento que sale de tu corazón. Pero no es así, porque tu mente sigue con su parloteo, «el sol es precioso, la mañana es preciosa», seguro que solo estás repitiendo algo que han dicho otras personas. ¿De verdad te has dado cuenta de que esta es una mañana preciosa, te has percatado del fenómeno que ocurre aquí mismo, o estás copiando las palabras de otra persona?

Te acercas a una flor, pero ¿de verdad la estás viendo? ¿La flor te ha tocado el alma? ¿Ha llegado al fondo de tu ser? O solo la has visto y has dicho «está bien, es preciosa, muy bonita». Estas palabras están casi muertas porque no salen del corazón. Las palabras nunca salen del corazón, los sentimientos sí, pero las palabras no. Surgen de la cabeza, y el sentimiento, del corazón. Aun así somos ciegos en ese aspecto. ¿Por qué? Porque el corazón nos conduce por caminos peligrosos.

Por eso no se permite que nadie viva con el corazón.

Tus padres se han encargado de que vivas con la cabeza, porque el corazón podría llevarte a fracasar en este mundo. En efecto, te conduce al fracaso y, mientras no fracases en este mundo, no tendrás sed del otro. La cabeza te conduce al éxito en este mundo. Es astuta, calculadora, manipuladora: te conduce al éxito. Por eso todos los institutos y universidades te enseñan a ser más «mental» y

Tus padres se han encargado de que vivas con la cabeza, porque el corazón podría llevarte a fracasar en este mundo.

a tener la «cabeza llena». Y cuanto más llena tengas la cabeza, más medallas de oro obtendrás. Triunfarás y tendrás las llaves para entrar en este mundo.

Pero las personas con corazón son un fracaso, porque no quieren aprovecharse. Son tan amorosas que no quieren aprovecharse de nadie. Son tan amorosas que no quieren ser tacañas ni acumular cosas. Son tan amorosas que lo comparten todo, dan a los demás todo lo que tienen en vez de quitárselo. Una persona con corazón es un fracaso y es tan sincera que no puede engañarte. Son sinceras y honradas, auténticas, pero eso significa que son unas extrañas en este mundo, donde solo triunfan las personas astutas. Por eso todos los padres se ocupan de que el corazón del niño esté ciego, cerrado por completo, antes de que empiece a andar por el mundo.

No eres capaz de rezar, no eres capaz de amar. ¿Puedes hacerlo? ¿Puedes rezar? Puedes rezar: ve a una iglesia el domingo y verás a mucha gente rezando, pero todo eso es mentira, hasta su oración sale de su cabeza. Es algo que han aprendido, no les sale del corazón. Su corazón está vacío, muerto, no siente nada. La gente «ama» —se casa, tiene hijos—, pero nada de eso surge del amor, todo surge del cálculo, han hecho cuentas. Te da miedo amar porque no sabes adónde te puede llevar. Nadie conoce los caminos del corazón porque son muy misteriosos. La cabeza te lleva por el camino correcto, te lleva por la autopista, y el corazón te lleva por la jungla. Ahí no hay carreteras ni señales, y tendrás que encontrar el camino tú solo.

Con el corazón eres individual, eres solitario. Con la cabeza formas parte de la sociedad. La cabeza ha sido adiestrada por la sociedad, forma parte de la sociedad. Con el corazón te vuelves solitario, te marginas. Todas las sociedades se encargan de matar al corazón, y Jesús dice:

... porque su corazón está ciego y no se percatan de que han llegado vacíos a este mundo y saldrán de él vacíos.

Solo el corazón puede darse cuenta de lo vacío que estás. ¿Qué es lo que has ganado? ¿Cuánta madurez has ganado, cuánto crecimiento? ¿Cuánto éxtasis has tenido? ¿Todavía no te ha llegado ninguna bendición? El pasado está podrido. Y quieres repetir ese pasado en el futuro, porque ¿hay algo más que puedas hacer? Esta es la aflicción de Jesús o Buda. Se sienten desdichados por ti.

Por el momento, todos están ebrios, pero cuando hayan expulsado su vino se arrepentirán.

Está hablando de ti. No creas que son «ellos»; cuando dice «ellos» se refiere a «ti». Cuando hayas expulsado toda tu embriaguez, te arrepentirás.

La palabra «arrepentimiento» ha cobrado mucha importancia. Todo el cristianismo se basa en el arrepentimiento, no hay ninguna otra religión que se base tanto en él.

El arrepentimiento es maravilloso cuando sale del corazón, cuando te das cuenta de que «Jesús tiene razón, hemos desperdiciado nuestra vida». El verdadero pecado es desperdiciarla —y no el pecado que cometió Adán—, malgastar tu vida, desaprovechar la posibilidad, el potencial y la oportunidad de crecer y de parecerte a Dios o convertirte en un dios, malbaratar este momento, perder el tiempo haciendo cosas inútiles y acumulando basura que no te sirve para nada. Y, cuando te des cuenta, te arrepentirás. Si el arrepentimiento te sale del corazón, te purificarás, porque no hay nada que purifique más que el arrepentimiento. Esta es una de las mejores ideas del cristianismo.

En el hinduismo no se enseña el arrepentimiento, no han trabajado esta clave en absoluto. Es una característica del cristianismo. Si te arrepientes por completo, si te sale del corazón, si lloras y lloras y te arrepientes con todo tu ser de haber perdido la oportunidad que te ha brindado la existencia, de no haber sido agradecido, de no haberte comportado bien, de haber maltratado tu propio ser..., te darás cuenta de tu pecado.

¡Ese es el pecado! No es matar a alguien ni robar algo, eso no tiene importancia, son pecados menores que nacen del pecado original: el de haber estado ebrio. Cuando abres los ojos, tu corazón se llena de arrepentimiento y entonces todo tu ser suelta un grito, un alarido. Sobran las palabras, no hace falta decirle a Dios: «Me arrepiento, perdóname». No es necesario porque, sin pensar, todo tu ser es arrepentimiento. De improviso, limpias todo tu pasado. Esta es una de las claves más secretas que Jesús entregó al mundo.

Los jainistas dicen que tienes que arreglar todo lo que hayas hecho mal, y es un proceso muy largo: es preciso que deshagas todo lo que hayas hecho mal en el pasado. Si has hecho algo malo en el pasado, tendrás que deshacerlo. Es matemática pura: si has cometido un pecado, tendrás que contrarrestarlo. Los hindúes dicen que has cometido este pecado, el pecado de la ignorancia —has incurrido en muchos actos fruto de tu ignorancia—, y el pasado es tan extenso que no será fácil salir de él. Tendrás que trabajar mucho más para limpiar tu pasado.

Pero Jesús te ha proporcionado una clave maravillosa. Él te dice: «Arrepiéntete y limpiarás todo tu pasado». Puede parecerte increíble, porque ¿cómo es posible? Esta es la diferencia que hay entre los hindúes, los budistas y los jainistas, y el cristianismo.

Los hindúes, los budistas y los jainistas no creen que puedas hacerlo solo arrepintiéndote, porque no conocen el arrepentimiento. Jesús encontró esta solución. Es una de las claves más antiguas.

Pero tienes que entender qué es el arrepentimiento. No basta con decirlo y tampoco con decirlo sin creérselo. Cuando te arrepientes con todo tu ser —cuando todo tu ser late, cuando sientes que has hecho algo mal en todos los poros, en cada fibra de tu ser; cuando sientes que has hecho algo mal porque estabas ebrio, y te arrepientes—, de repente se produce una transformación. El pasado y su proyección en el futuro desaparecen, y te ves inmerso en el aquí y ahora, en tu propio ser. Sientes por primera vez la nada interna. No te sientes vacío en un sentido negativo, sino que tu templo es tan amplio como el espacio...

Estás perdonado, dice Jesús: si te arrepientes, estás perdonado.

El maestro de Jesús fue Juan Bautista. Su enseñanza era: «¡Arrepiéntete, porque se acerca el día del juicio final!». Esa fue toda su enseñanza. Era un hombre salvaje, un gran revolucionario, y llevó su mensaje de un extremo al otro de su país: «Arrepiéntete, porque queda muy poco tiempo para el juicio final». Este es el motivo por el que los cristianos desecharon por completo la idea de la reencarnación. No es que Jesús no supiera nada de la reencarnación; sabía perfectamente que hay un ciclo de reencarnaciones continuas, pero desechó esa idea para que el arrepentimiento pudiera ser total.

Cuando hay muchas vidas, el arrepentimiento no puede ser total, porque siempre puedes esperar y posponer para la vida siguiente. Puedes pensar: «Aunque no lo haya conseguido en esta vida, no pasa nada. En la próxima, quizá...». Esto es lo que han hecho siempre los hindúes, y esta teoría tiene la culpa de que sean las personas más vagas del mundo. El problema es que esta teoría es correcta. Siempre pueden posponer, no tienen prisa. ¿Qué prisa hay? Por eso el tiempo nunca ha preocupado a los hindúes. No inventaron el reloj y, si por ellos fuera, no existiría. El reloj es un objeto extraño para la mentalidad hindú. No encaja en una casa hindú.

El reloj es un invento cristiano porque nos queda poco tiempo, el tiempo vuela. No es el utensilio en sí, es la vida la que se nos escapa entre las manos. Esta muerte será la muerte final y no podrás posponer nada. Para evitar posponer, todo lo que predicaron Jesús y san Juan Bautista —que era su maestro e inició a Jesús en los misterios— se basaba en esto: «¡Arrepiéntete, porque no queda tiempo; no pospongas para el futuro, porque estarás perdido!». Lo llevan todo a este grado de intensidad.

Si yo te digo de repente: «Hoy es el último día, mañana desaparecerá el mundo porque van a lanzar una bomba», y luego te digo: «¡Arrepiéntete!», todo tu ser se enfocará y se centrará, y estarás aquí y ahora. Y entonces saldrá de ti un chillido, un aullido, un grito salvaje. No lo expresarás con palabras; es existencial, es algo que sale del corazón. No solo se te llenan de lágrimas los ojos, tu corazón también se llena de lágrimas, todo tu ser se llena de lágrimas, porque has perdido la oportunidad.

Si se produce el arrepentimiento —con la intensidad de haberte dado cuenta—, se limpiará todo tu pasado.

No hace falta deshacer el pasado. No es necesario porque nunca ha sido una realidad. Solo ha sido un sueño, de modo que no tienes que deshacerlo, solo tienes que darte cuenta. Y en el momento en que dejas de estar dormido, también desaparecen los sueños y las pesadillas. Para empezar, nunca han existido de verdad, porque solo eran tus pensamientos. No seas perezoso, llevas muchas vidas posponiéndolo y ya no se puede posponer mucho más. El hecho de posponer tiene un enorme atractivo para la mente. La mente siempre dice: «mañana». Mañana es un refugio. Mañana es el refugio de todos los pecados, porque la virtud surge en este momento.

EMPIEZA POR TI

Si eres infeliz, conviértelo en una meditación. Siéntate en silencio, cierra las puertas. Primero siente esa infelicidad con toda la intensidad que puedas. Siente el dolor que te produce.

Cuando alguien te insulta, la mejor forma de evitar el dolor es insultar a esa persona. De esa forma te concentras en esa persona, pero eso no es meditar.

Si alguien te insulta, agradécele que te haya dado la oportunidad de sentir una herida profunda. Te ha abierto una herida, y esta puede deberse a todos los insultos que has recibido a lo largo de tu vida. Esa persona probablemente no sea la causa de tu sufrimiento, aunque haya desencadenado este proceso.

Enciérrate en tu cuarto, siéntate en silencio, sin enfadarte con esa persona, y sé plenamente consciente del sentimiento que ha surgido dentro de ti: estás dolido porque te han rechazado, te han insultado. Entonces te darás cuenta de que ahí no está solo esa persona, sino que acuden a tu memoria todos los hombres y mujeres que te han insultado en algún momento.

No es simplemente recordarlo, es revivirlo. Es como una

terapia primitiva: siente el daño que te hace, siente el dolor, no intentes evitarlo. Este es el motivo por el que muchas terapias recomiendan que el paciente no tome ninguna droga antes de comenzarla, simplemente porque las drogas son una forma de huir del sufrimiento interno y no te dejan ver tus heridas, las reprimen. No te permiten acceder a tu sufrimiento, y, mientras no accedas a él, no podrás liberarte de él.

La recomendación de no tomar drogas antes de una terapia es científica, y, si puedes, debes evitar también otras drogas, como el café, el té y el tabaco, porque todas ellas son una vía de escape.

¿Te has dado cuenta de esto? Cuando estás nervioso, te pones a fumar enseguida. Es una forma de distraerte para evitar el nerviosismo. En realidad, es una regresión. Fumar hace que te sientas de nuevo como un niño —sin preocupaciones ni responsabilidades—, porque simboliza el pecho. Cuando entra el humo caliente te transporta al momento en que tu madre te estaba amamantando y entraba la leche caliente, y ahora el pezón es el cigarrillo. El cigarrillo simboliza el pezón.

Con la regresión evitas las responsabilidades y el dolor de ser un adulto. Y esto es lo que ocurre con muchísimas drogas. El hombre moderno se droga más que nunca porque vive inmerso en un sufrimiento profundo. Si no hubiera drogas, no podría soportar tanto sufrimiento. Las drogas crean una barrera, te mantienen drogado y anulan tu sensibilidad para percibir el dolor.

Lo primero que debes hacer es cerrar todas las puertas y olvidarte de cualquier ocupación, como ver la televisión, oír la radio o leer un libro. Tienes que dejar todas esas ocupaciones, porque también son un tipo de droga. Quédate en silencio y solo por completo. Ni siquiera tienes que rezar, porque eso vuelve a ser una droga, te mantiene ocupado, empiezas a hablar con Dios y te pones a rezar para huir de ti mismo. Solo sé tú mismo. No reprimas el dolor o el sufrimiento que te causa. Experiméntalo con toda su intensidad. Será difícil, será desgarrador. A lo mejor te pones a llorar como un niño y te revuelcas por el suelo de dolor o empiezas a retorcerte. De pronto puedes darte cuenta de que ese dolor no está solo en el corazón, sino por todo tu cuerpo; te duele todo, tienes el cuerpo dolorido, está lleno de dolor.

Si puedes experimentarlo —y esto tiene mucha importancia—, intenta absorberlo todo. No lo desperdicies. Es una energía muy valiosa, no la tires. Absórbela, bébela, acéptala, dale la bienvenida. Agradécela y dite a ti mismo: «Esta vez no la voy a evitar, esta vez no la voy a rechazar, esta vez no la voy a tirar. Esta vez la beberé y la recibiré como si fuese un huésped. Esta vez la digeriré».

Puedes tardar varios días en digerirla, pero, cuando ocurra, te encontrarás con una puerta que te llevará muy muy lejos. Se inicia un nuevo viaje en tu vida, estás yendo hacia un nuevo tipo de ser, porque en el momento en que aceptas el dolor sin ningún tipo de rechazo, enseguida cambia su cualidad y su energía. Y te sorprenderá porque no te lo esperabas, es increíble. No puedes creer que el sufrimiento se transforme en éxtasis y que el dolor se convierta en alegría.

En la vida corriente sabes que los opuestos se tocan y que, en realidad, no son opuestos, sino complementarios. Eres consciente de que tu amor puede convertirse en odio en cualquier momento, y de que el odio puede transformarse en amor. De hecho, si odias con muchas ganas y mucha intensidad, acabará convirtiéndose en amor.

Esto es lo que le ocurrió a una persona llamada Saúl, que más tarde se convirtió en Pablo, y fue quien fundó ese horrible engendro que es la Iglesia católica. El fundador de la Iglesia católica no fue Jesús, fue san Pablo. Vale la pena recordar esta historia. Cuando nació se llamaba Saúl. Estaba tan en contra de Jesús que dedicó toda su vida a enfrentarse con los cristianos y con el cristianismo. Su vida consistía en perseguir a los cristianos y en impedir que su religión se propagara, en destruir esa posibilidad y borrar el nombre de Jesús. Debía de tener un odio enorme, no era un odio normal. Cuando dedicas toda tu vida al objeto de tu odio, ese odio debe ser absoluto. Si no, ¿qué más te da? Cuando odias algo, no te dedicas a perseguirlo toda tu vida. Pero si el odio es absoluto, se convierte en una cuestión de vida o muerte.

Mientras se dedicaba a perseguir a los cristianos, a acabar con ellos, a destruir su poder y a convencer a los cristianos de que eso era una tontería y de que Jesús estaba loco, era un neurótico, un farsante y un hipócrita, le sucedió algo: fue un milagro. Saúl estaba yendo a otra ciudad para perseguir cristianos y, de repente, se encontraba solo en el camino cuando se le apareció Jesús de la nada y le preguntó: «¿Por qué me persigues?».

Saúl se llevó tal sorpresa que se cayó del caballo, muerto de miedo, y pidió clemencia llorando arrepentido. La visión de Jesús desapareció y, a la vez, también lo hizo el viejo Saúl. Para no olvidarse de lo que le había ocurrido, se cambió el nombre por el de Pablo; el viejo hombre había muerto y había nacido uno nuevo. Pablo se convirtió en el fundador de la Iglesia católica. Se tornó en el mayor amante de Jesús, en el amante más grande que haya existido en la historia. El odio se puede convertir en amor.

Jesús no se le apareció; lo que proyectó a Jesús fue la intensidad del odio de Saúl. No fue Jesús quien le preguntó: «¿Por qué me persigues?», fue su propio inconsciente, que estaba sufriendo mucho a causa de su odio hacia Jesús. Fue su propio inconsciente el que le preguntó: «¿Por qué me persigues?». Su propio inconsciente se plasmó en la visión de Jesús. Este milagro ocurrió porque su odio era absoluto.

Cuando algo es absoluto se convierte justo en lo contrario. Este es el gran secreto que hay que recordar. Siempre que algo es absoluto se convierte en lo contrario, porque no puede ir más allá, llega a un callejón sin salida.

Si observas el clásico reloj de péndulo de pared, verás que nunca se para: el péndulo se mueve hacia la izquierda hasta que llega al extremo izquierdo, y llega a un punto donde no puede seguir avanzando; entonces empieza a moverse hacia la derecha.

Los opuestos son complementarios. Si puedes sufrir con totalidad, con gran intensidad, te sorprenderás, porque Saúl se convertirá en Pablo. Te costará creerlo la primera vez que te ocurra. Te costará creer que, cuando absorbes voluntariamente tu propio sufrimiento y le das la bienvenida, se convierte en una gran bendición. La misma energía que se convierte en odio se convierte en amor; la misma energía que se convierte en dolor se convierte en placer; la misma energía que se convierte en sufrimiento se convierte en dicha.

Pero tienes que empezar por tu propio ser.

SIENTE AGRADECIMIENTO POR TODO

La mente acostumbra a echarle la culpa a alguien. Siempre es el otro el que te hace sufrir. Tu mujer te hace sufrir, tu marido te hace sufrir, tus padres te hacen sufrir, tus hijos te hacen sufrir o el sistema financiero de la sociedad, el capitalismo, el comunismo, el fascismo, la ideología política predominante, la estructura social, el destino, el karma, Dios…, cualquier cosa que se te ocurra.

La gente tiene miles de formas de eludir la responsabilidad. Diciendo que quien te hace sufrir es otra persona —fulano o mengano—, no puedes hacer nada para cambiar la situación. ¿Qué puedes hacer? El día que cambie la sociedad, llegue el comunismo y no haya clases en el mundo, seremos todos felices. Pero antes de eso es imposible. ¿Cómo puedes ser feliz en una sociedad pobre? ¿Y cómo puedes ser feliz en una sociedad gobernada por los capitalistas? ¿Cómo puedes ser feliz en una sociedad burocrática? ¿Cómo puedes ser feliz en una sociedad en la que no puedes ser libre?

Una excusa tras otra solo para evitar una idea: «Yo soy responsable de mí mismo. Nadie es responsable de mí, yo soy absoluta y totalmente responsable. Sea lo que sea, yo soy mi propia creación». Cuando asumimos el concepto «yo soy el responsable de mi vida —el responsable de todo mi sufrimiento, de todo mi dolor y de todo lo que me ha ocurrido y me ocurre— porque yo lo he elegido así, estas son las semillas que he plantado y ahora cosecho lo que he sembrado; yo soy el responsable», cuando este concepto se convierte en una comprensión natural dentro de ti, entonces lo demás es fácil. La vida toma un nuevo rumbo, empieza a moverse en otra dimensión: la conversión, la revolución, la mutación, porque si sé que yo soy el responsable, también sé que puedo cambiarlo en el momento que quiera.

¿Quién puede impedirte que renuncies a tu infelicidad, quién puede impedirte que transformes tu infelicidad en dicha? Nadie. Nadie puede encerrarte, porque, aunque estés encerrado en una prisión, tu alma seguirá siendo libre. Por supuesto, es una situación mucho más limitada, pero, aun estando en esa situación limitada, puedes cantar. Puedes derramar lágrimas de impotencia o puedes cantar una canción. Puedes bailar incluso con cadenas en los pies, y hasta el sonido de las cadenas tendrá musicalidad.

> ¿Quién puede impedirte que renuncies a tu infelicidad, quién puede impedirte que transformes tu infelicidad en dicha? Nadie.

Siéntete agradecido a todo el mundo, porque todo el mundo está creando un espacio para que tú puedas transformarte, incluso los que creen que te están obstruyendo, incluso los que creen que son tus enemigos. Tus amigos, tus enemigos, las personas buenas y las malas, las circunstancias favorables y las desfavorables, todas juntas están creando un contexto en el que puedas transformarte y convertirte en un buda. Siéntete agradecido por todo.

Una vez un hombre fue a ver a Buda y le escupió a la cara. Sus discípulos, por supuesto, estaban indignados. Su discípulo más cercano, Ananda, le dijo:

—¡Esto es inaudito! —Estaba a punto de explotar de rabia y le dijo a Buda—: Si me lo consientes, quiero enseñarle a este hombre lo que ha hecho.

Buda se limpió la cara y le dijo al hombre:

—Gracias, señor. Me has dado la oportunidad de comprobar si aún soy capaz de enfadarme o no. Y no me he enfadado, estoy realmente contento. Y también le has dado esa oportunidad a Ananda, que se ha dado cuenta de que todavía se puede enfadar. Muchas gracias. ¡Te estamos muy agradecidos! Te invitamos a venir de vez en cuando. Cuando necesites escupirle a alguien, acuérdate de venir.

El hombre se quedó estupefacto; no podía creer lo que acababa de oír ni lo que había pasado. Había ido con la intención de hacer enfadar a Buda, pero no lo había conseguido. No pudo conciliar el sueño en toda la noche, se la pasó dando vueltas y no consiguió pegar ojo. Una y otra vez pensaba que después de escupir a Buda, a pesar de ser uno de los peores insultos, este se había quedado tan tranquilo y tan sereno, como si no hubiera pasado nada, y se había limpiado la cara diciendo: «Gracias, señor. Cuando necesites escupirle a alguien, acuérdate de venir».

No podía parar de pensar en esto, en la cara de Buda, en la tranquilidad y la serenidad de su rostro, en su mirada compasiva. Cuando Buda le dio las gracias, no lo hizo por mera formalidad, sino porque estaba realmente agradecido. Todo su ser reflejaba agradecimiento, emanaba agradecimiento. Así como también veía que Ananda estaba a punto de explotar de rabia, Buda estaba muy tranquilo, amoroso y compasivo. No podía perdonarse a sí mismo, ¿cómo había sido capaz de hacer algo así? Escupirle a alguien, ¡a alguien como Buda!

A la mañana siguiente, temprano, volvió apresuradamente y se postró a los pies de Buda.

—Te ruego que me perdones, señor. No he podido dormir en toda la noche.

—Olvídate de eso —dijo Buda—. No tienes que pedir perdón por algo que ya ha pasado. Ha corrido tanta agua por el Ganges desde entonces… —Buda estaba sentado a la orilla del Ganges, debajo de un árbol, y le dijo al hombre—: ¡Fíjate qué cantidad de agua fluye hacia abajo en cada momento! Han pasado veinticuatro horas, ¿por qué sigues cargando con eso, con algo que ya no existe? Olvídate de ello. Y, lo más importante, no puedo perdonarte porque no estoy enfadado contigo. Si me hubiera enfadado, te perdonaría.

No tienes que pedir perdón por algo que ya ha pasado.

Si realmente necesitas que te perdonen, pídeselo a Ananda. Póstrate a sus pies, ¡a él le gustará!

Siente agradecimiento por los que te han ayudado, por los que han supuesto un obstáculo, por los que han sido indiferentes, porque todos juntos han creado el espacio en el que nacen los budas, en el que puedes convertirte en uno.

Y recuerda que todas las situaciones tienen que convertirse en una oportunidad para meditar.

¿Qué es la meditación? Es darte cuenta de lo que estás haciendo, es ser consciente de lo que te ocurre. Si alguien te insulta, sé consciente.

¿Qué te ocurre cuando te insultan? Medita sobre ello, esto es cambiar la Gestalt de una situación. Cuando alguien te insulta, te concentras en esa persona: «¿Por qué me ha insultado? ¿Quién se cree que es? ¿Cómo puedo vengarme?». Si esa persona es muy

>
>
> ¿Qué es la meditación? Es darte cuenta de lo que estás haciendo, es ser consciente de lo que te ocurre.

poderosa, te rindes y empiezas a mover el rabo. Si no lo es y te das cuenta de que es débil, le saltas encima. Pero en todo este proceso te olvidas completamente de ti, solo te estás enfocando en el otro. Esto es perder una oportunidad para meditar. Si alguien te insulta, medita.

Gurdjieff dijo: «Cuando mi padre se estaba muriendo, yo solo tenía nueve años. Me llamó a su lecho y me susurró al oído: "Hijo, no te voy a dejar muchas cosas en el aspecto material, pero tengo que decirte lo que me dijo mi padre en su lecho de muerte, pues es algo que me ha ayudado enormemente, siempre ha sido mi tesoro. Tú todavía eres muy joven y quizá aún no lo entiendas, pero guárdatelo y no lo olvides. Un día, cuando seas mayor, lo entenderás. Es la llave que abre las puertas a grandes tesoros"».

Por supuesto, en ese momento Gurdjieff no lo entendió, pero aquello transformó su vida. Y lo que le dijo su padre era algo muy sencillo. Le dijo: «Hijo mío, siempre que alguien te insulte, dile que vas a meditar veinticuatro horas sobre ello y que luego le darás una respuesta».

Gurdjieff no podía entender la importancia de esa enseñanza. No creía que fuera algo tan valioso como para tener que recordarlo. Y podemos disculparlo porque tenía nueve años. Pero, como se lo había dicho su padre antes de morir —que lo quería inmensamente y que dio su último aliento justo después de decírselo—, se le quedó grabado y no lo ol-

vidó. Siempre que pensaba en su padre, se acordaba de lo que le había dicho.

Sin entenderlo del todo, empezó a practicarlo. Cuando alguien le insultaba, Gurdjieff decía: «Señor, tengo que meditar sobre esto durante veinticuatro horas porque eso es lo que me dijo mi padre. Él ya no está aquí, y no voy a desobedecer a un anciano que ya ha muerto. Me quería muchísimo y yo también a él, por eso no voy a desobedecerlo. Cuando tu padre está vivo, puedes desobedecerlo, pero si ha muerto, ¿cómo vas a desobedecerlo? Te ruego que me perdones, volveré dentro de veinticuatro horas y te contestaré».

Y dice: «El hecho de meditarlo durante veinticuatro horas me ha proporcionado mucha clarividencia interna. A veces me daba cuenta de que el insulto era justificado, porque yo soy así. Entonces iba a esa persona y le decía: "Gracias, señor, tenías razón. No era un insulto, solo estabas constatando un hecho. Me has llamado estúpido porque lo soy".

»Otras veces, después de meditar durante veinticuatro horas, me daba cuenta de que era una mentira absoluta. Y si algo es mentira, ¿qué sentido tiene ofenderse? En ese caso, ni siquiera iba a decirle que era mentira. Una mentira es una mentira, ¿para qué molestarse?».

Y en vez de preocuparse por las reacciones de los demás, observando despacio y meditando despacio, cada día fue más consciente de sus propias reacciones.

Obsérvalo: desconéctate enseguida de todo lo que surja del ego, de todo lo que alimente tu ego. Quedarte ahí aunque solo sea un instante puede ser arriesgado, porque le aporta energía. En cuanto te des cuenta de que hay una situación que alimenta tu ego, desvincúlate de ella. Y todo el mundo se da cuenta de lo que alimenta su ego. No hay que aprender ninguna técnica, porque todo el mundo lo sabe desde que nace. ¡Tú lo sabes! Y, aunque lo sabes, lo permites, pero esa es otra cuestión. Sabes cuándo surge el orgullo, sabes cuándo asoma la cabeza el ego. Córtasela al instante, de un solo golpe.

Y si te ocurre algo bueno, compártelo enseguida. Este es uno de los principios fundamentales. No te lo guardes, no seas tacaño. Si surge el amor, compártelo, repártelo. Si no encuentras a nadie, compártelo con los árboles y las piedras, pero compártelo. No te lo guardes, porque, si lo haces, se transformará en veneno; si te lo guardas, se agriará y se estropeará. Compártelo. Cuanto más lo compartas, más recibirás de fuentes desconocidas. Y entenderás, poco a poco, cómo funciona la economía interior.

Si quieres tener cosas, la economía exterior consiste en acumular. Y la economía interior es justo lo contrario: si acumulas no lo tendrás. Si das, lo tendrás, y si das más, tendrás más.

3

Ya no eres muchos, sino uno

En el momento en que renuncias a todos los falsos valores que te han impuesto, también desaparece el resentimiento.

Cuando desaparezca el resentimiento, por primera vez podrás ser cariñoso con tu padre, con tu madre, con tus hermanos, con tus hermanas, con tus profesores, porque entenderás que todo lo que han hecho no fue con mala intención. Solo han repetido lo mismo que les hicieron a ellos sus profesores y sus padres. Sentirás una gran compasión por ellos. Surgirá un nuevo sentimiento de amor dentro de ti…, y, al mismo tiempo, de tristeza, porque te darás cuenta de todo lo que se han perdido.

El día que puedas sentir tristeza porque tu padre y tu madre se han perdido la vida, ¿crees que podrás seguir enfadado con ellos? Sentirás mucho amor. De vez en cuando, ve y comparte tu amor, comparte tu canción, comparte tu danza. Ellos se sorprenderán y tú también. Se sorprenderán de que ese niño que siempre ha dado problemas a la familia se haya vuelto tan pacífico y tan sereno, como un lago tranquilo lleno de nenúfares.

Y cuando te des cuenta de que ya no te tratan como antes, te sorprenderás. De hecho, querrán saber qué te ha ocurrido. Estás hermoso, pareces una persona completamente distinta, ¿qué te ha pasado? Querrán saberlo, y también les gustaría estar en la misma frecuencia si pudieran.

PADRES - ADULTO - NIÑO

El ser humano es una multitud. Es una multitud llena de voces: voces relevantes, irrelevantes, coherentes, incoherentes. Cada voz tira de ti en una dirección distinta y todas esas voces te están destrozando. Normalmente, el ser humano es pura confusión, es casi una locura. A duras penas consigues aparentar estar cuerdo. En el fondo, hay muchas capas de locura dentro de ti que pueden salir a la luz en cualquier momento. En cualquier instante puedes perder el control, porque te lo han impuesto desde fuera. No es un comportamiento que surja de dentro de ti.

Por motivos sociales, económicos o políticos, te has impuesto un determinado carácter, pero hay muchas fuerzas vitales en tu interior que se oponen a ese carácter y lo sabotean de forma constante. Es inevitable cometer errores todos los días, muchos errores. A veces, hay cosas que incluso desearías no haber hecho jamás. Sigues cometiendo muchísimos errores a tu pesar. Esto ocurre porque no eres uno, sino muchos.

Alguien como el Buda Gautama no considera que estos errores sean «pecados», porque, si los considerara pecados, te estaría acusando. Simplemente los considera faltas, equivocaciones, errores. Errar es humano, no errar es divino. Y el camino de lo humano a lo divino va a través de la conciencia. Puedes evitar que todas estas voces sigan torturándote, tirando de ti, empuján-dote. Si te vuelves consciente, todas estas voces desaparecerán.

Cuando estás atento, no cometes errores —no significa que controles esas voces—, pero en un estado de atención plena, estando alerta, vigilante, todas esas voces cesan y desaparecen. Te vuelves uno, todo lo que haces surge del centro de tu ser y nunca está mal. Tienes que entenderlo.

En el lenguaje del movimiento del potencial humano del humanismo moderno, hay un paralelismo que nos ayudará a comprenderlo. Esto es lo que el Análisis Transaccional denomina el triángulo «PAN». «P» significa «padres», «A» significa «adulto» y «N» significa niño. Estas son nuestras tres capas, como si estuvieras en un edificio de tres pisos. El primer piso es el niño, el segundo piso son los padres y el tercero es el adulto. Los tres existen a la vez.

Este es tu triángulo interno y tu conflicto. Tu niño dice una cosa, tus padres dicen otra cosa y tu adulto, la mente racional, otra.

EL NIÑO DICE «DISFRUTA»

Para el niño, el único momento que existe es este momento, y no piensa en nada más. El niño es espontáneo, pero no es consciente de las consecuencias, no es consciente del pasado ni del futuro. Vive en el presente. No tiene valores, no está alerta, no es consciente. El niño se basa en conceptos de sensaciones, vive a través de las sensaciones. Su ser es irracional.

Por supuesto, tiene muchos conflictos con los demás. También tiene muchas contradicciones, porque una sensación le lleva a hacer una cosa, pero, de repente, empieza a sentir otra. Un

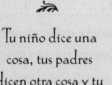

Tu niño dice una cosa, tus padres dicen otra cosa y tu adulto, la mente racional, otra.

niño nunca completa nada. Cuando está a punto de completar algo, cambia lo que siente. Empieza muchas cosas, pero nunca concluye nada. El niño no es conclusivo.

El niño disfruta, pero su forma de disfrutar no es creativa, no puede ser creativa. El niño se deleita, pero la vida no se puede vivir solamente a través del deleite. No puedes seguir siendo un niño para siempre. Tendrás que aprender muchas cosas porque no estás solo aquí. Si estuvieses solo, no pasaría nada, ¡podrías seguir siendo un niño toda tu vida! Sin embargo, hay una sociedad, hay millones de personas. Hay que seguir muchas reglas, hay que tener unos valores; de lo contrario, tendrás tantos conflictos que no podrás vivir. El niño tiene que disciplinarse, y aquí es donde intervienen los padres.

EL CONTROL DE LOS PADRES

La voz de tus padres, que está dentro de ti, es la voz de la sociedad, de la cultura, de la civilización. Es la que te permite vivir en un mundo donde no estás solo, donde hay muchos individuos con ambiciones que entran en conflicto, donde hay una gran lucha por la supervivencia, donde hay muchos conflictos. Tendrás que abrirte camino y moverte con mucha precaución. La voz de tus padres es la de la precaución. Te vuelve civilizado. El niño es salvaje, y la voz paterna te civiliza. La palabra «civil» está bien.

Significa que alguien se ha adaptado a vivir en una ciudad, que alguien se ha adaptado a pertenecer a un grupo, a una sociedad. El niño es muy dictatorial, cree que es el centro del mundo. Aunque todos los niños piensen así, los padres tienen que enseñarte que no eres el centro del mundo, tienen que enseñarte a ser cada vez más consciente de que hay mucha gente en el mundo y no estás solo. De lo contrario, te aplastarán. Es una cuestión de supervivencia, de táctica, de política. La voz parental te da unos mandamientos: lo que debes y no debes hacer. Las «sensaciones» van ciegas por la vida, pero tus padres te hacen ser precavido. Y es algo necesario.

Luego hay una tercera voz en tu interior, una tercera capa, que es cuando te vuelves adulto y tus padres ya no te controlan. Tu razón ha madurado y puedes pensar por ti mismo.

El niño consiste en conceptos que siente, los padres consisten en conceptos que enseñan y el adulto consiste en conceptos que piensa. Estas tres capas se enfrentan entre sí de forma constante. El niño dice una cosa, los padres dicen lo contrario y el adulto puede decir otra cosa distinta por completo.

Cuando ves una comida deliciosa, el niño dice que comas todo lo que quieras. La voz parental te indica que debes tener en cuenta muchas cosas: ¿de verdad tienes hambre o solo te atraen el aroma o el sabor de la comida? ¿Es nutritiva esta comida? ¿Nutrirá tu cuerpo o puede ser perjudicial? Espera, escucha, no te apresures. Y luego está la mente racional, la mente adulta, que puede decirte algo completamente distinto.

No es necesario que el adulto esté de acuerdo con los padres. Los padres no son omniscientes, no lo saben todo. Son seres humanos que pueden equivocarse igual que tú, y en su forma de pensar, muchas veces, puede haber lagunas. Pueden ser dogmáticos, supersticiosos o creer en tonterías, en ideologías irracionales. Tu adulto te dice que no y tus padres te dicen que lo hagas. Tu adulto te indica que no vale la pena hacerlo y tu niño te arrastra hacia otro sitio. Este es el triángulo que hay en tu interior.

EL TRIÁNGULO QUE HAY EN TU INTERIOR

Si le haces caso al niño, tus padres se enfadarán. Y, entonces, una parte se sentirá bien —puedes comer todo el helado que quieras—, pero dentro de ti los padres se enfadarán. Una parte de ti lo reprueba y empiezas a sentirte culpable. Y surge la misma culpa que sentías cuando eras un niño. Ahora ya no eres un niño, pero, a pesar de todo, el niño no ha desaparecido. Sigue ahí, en la planta baja, en la base, en los cimientos. Si le haces caso a tu niño y haces lo que sientes, los padres se enfadarán y empezarás a sentirte culpable. Si les haces caso a tus padres, tu niño sentirá que le están obligando a hacer algo que no quiere. Y entonces tu niño percibirá que están interfiriendo en su vida, que le están invadiendo. Cuando les haces caso a los padres pierdes la libertad y tu niño empieza a rebelarse.

Cuando les haces caso a tus padres, tu mente adulta dice: «¡Qué tontería! Esta gente no sabe nada». Tú sabes más, estás más sintonizado con el mundo moderno, eres más contemporáneo. Estas ideologías están muertas, son anticuadas, ¿por qué les haces caso? Si escuchas a la razón, sentirás que estás traicionando a tus padres. Y así es como vuelve a surgir la culpabilidad.

¿Qué puedes hacer? Es casi imposible encontrar algo en lo que estén de acuerdo las tres capas. Este es el miedo del ser humano. Estas tres capas nunca llegan a estar de acuerdo en nada. Hay maestros que creen más en el niño, ponen más interés en él. Por ejemplo, Lao Tzu dice: «Nunca llegarás a un acuerdo. Deja la voz parental, los mandamientos y el Viejo Testamento a un lado. Abandona todos los "deberías" y conviértete de nuevo en un niño». Esto es lo mismo que dice Jesús. Lao Tzu y Jesús hacen hincapié en volver a ser como un niño, porque solo podrás recobrar la espontaneidad y convertirte en parte del flujo, del tao, si eres como un niño.

Es un mensaje precioso, pero parece casi inviable. Algunas veces ha ocurrido, es verdad, una persona ha vuelto a ser como un niño, pero es tan excepcional que no podemos esperar que toda la humanidad lo lleve a cabo. Es precioso, es como una estrella: lejana, distante, pero fuera de tu alcance.

Luego hay otro tipo de maestros —Mahavira, Moisés, Mahoma, Manu— que te dicen que le hagas caso a la voz parental, que le hagas caso a la moral, a lo que te dice la sociedad, a lo que te han enseñado. Haz caso y obedece. Si quieres estar a gusto en el mundo, si quieres estar tranquilo, hazles caso a tus padres. No te opongas a la voz parental. Esto es lo que el mundo ha obedecido en mayor o menor medida. Pero entonces nunca serás espontáneo, nunca serás natural. Siempre te sentirás confinado, encarcelado. Y si no eres libre, aunque te sientas en paz, esa paz no vale nada. Mientras la paz no venga acompañada de libertad, no podrás aceptarla. Mientras la paz no esté rodeada de dicha, no podrás aceptarla. Te resulta cómoda, confortable, pero tu alma sufre.

Es verdad, hay personas que lo han conseguido, que realmente han encontrado la verdad a través de la voz parental, pero es muy poco habitual. Y ese mundo ya no existe. Es posible que Manu y Mahoma fueran útiles en el pasado. Trajeron al mundo los mandamientos: «Haz esto y no hagas aquello». Lo han convertido todo en algo más fácil, muy fácil. No han dejado nada a tu elección porque no confiaban en tu capacidad de elegir. Simplemente te han dado una fórmula ya establecida: «Estos son los diez mandamientos que debes seguir. Si quieres que se cumpla todo lo que esperas y deseas, haz esto y se cumplirá. Solo tienes que obedecer».

Las antiguas religiones estaban muy centradas en la obediencia. «El único pecado es la desobediencia», según el cristianismo. «Adán y Eva fueron expulsados del Jardín del Edén por desobedecer. Dios les dijo que no comieran del árbol del conocimiento, pero le desobedecieron». Ese fue su único pecado. ¡Y todos los niños cometen ese pecado! Cuando un padre dice, «no fumes», el niño lo prueba. Cuando un padre dice «no vayas al cine», el niño va. La historia de Adán y Eva es la de todos los niños. Y luego los castigaron con la expulsión…

Para Manu, Mahoma y Moisés, lo religioso es obedecer. Pero ese mundo ya no existe, y no hay muchas personas que se hayan formado con esta premisa. Muchos han alcanzado la paz, han sido buenos ciudadanos —buenos integrantes y miembros destacados de la sociedad—, pero nada más.

En tercer lugar, tenemos la importancia de ser adulto. Confucio, Patanjali o los modernos agnósticos —Bertrand Russell y todos los humanistas— hacen hincapié en: «Solo debes creer en tu razón». Esto es bastante arduo, hasta el punto de que nuestra vida se convierte en un conflicto, porque tus padres te han educado y te han condicionado. Si solo le haces caso a tu razón, tendrás que negar muchas cosas que hay dentro de tu ser. De hecho, tendrás que negar toda tu mente, y no es fácil borrarla. Además, tu niño ha nacido sin la razón. Esto también hay que tenerlo en cuenta.

En esencia eres un ser sintiente y la razón llega más tarde. De hecho, nos alcanza cuando todo lo que tenía que suceder ya ha sucedido. Los psicólogos dicen que a los siete años un niño ya ha aprendido casi el setenta y cinco por ciento de todos sus conocimientos. El setenta y cinco por ciento de sus conocimientos a los siete años, y el cincuenta por ciento a los cuatro años. Todo este aprendizaje se produce cuando eres niño y la razón llega mucho más tarde.

Vivir por medio de la razón es muy difícil. Hay gente que lo ha intentado —algún que otro Bertrand Russell—, pero nadie ha alcanzado la verdad a través de ella, porque no basta simplemente con la razón. Y aunque se ha intentado abordar la vida desde todos estos ángulos, ninguno de ellos ha funcionado.

VE AL CENTRO MISMO

El punto de vista de Buda es completamente distinto, y esta es la originalidad de su contribución a la conciencia humana. Él dice que no escojas ninguno de los tres lados. Lo que dice es que debes ponerte en el centro del triángulo. No elijas la razón, no elijas al padre y no elijas al niño: ponte en el centro mismo del triángulo y permanece ahí en silencio y con atención plena —es un enfoque muy significativo— para poder tener una perspectiva clara de tu ser. Y la respuesta surgirá de esa perspectiva y esa claridad.

Podemos decirlo de otra forma: cuando actúas como un niño estás teniendo una reacción infantil. Muchas veces actúas como si fueras un niño. Si alguien te dice algo y te molesta, te da una pataleta, te enfadas, te pones de mal humor y pierdes los modales. Luego te sientes fatal por lo que ha pasado, por haber perdido los papeles, porque normalmente pareces muy sensato, pero te has comportado como un niño. ¡Y ni siquiera ha sido por algo importante! O si obedeces la voz parental, luego crees que tus padres te siguen dominando y que todavía no eres un adulto, no has madurado ni has tomado las riendas de tu vida. O si obedeces a la razón, piensas que no es suficiente con la razón porque también tiene que haber sentimiento, ya que, si no sientes y solo eres un ser racional, te limitas a la cabeza, y así estás perdiendo el contacto con tu cuerpo y con la vida, y te desconectas. Actúas como si solo fueras un mecanismo pensante. Pero pensar no hace que te sientas vivo, la vida no tiene gracia si solo consiste en pensar. Es muy árida. Entonces anhelas algo que permita que tus energías vuelvan a fluir, que te deje reverdecer y volver a estar vivo y sentirte joven.

Y así vas dando vueltas y vueltas, como un perro que corre detrás de su propio rabo.

Buda dice que todo esto son reacciones, y una reacción tiende a ser parcial. Solo la respuesta es total, y todo lo que sea parcial es un error. La definición de error de Buda es que todo lo que sea parcial es un error, porque no satisfaces todas las partes y estas se vengarán. Sé total. La respuesta es total, la reacción es parcial.

Si escuchas una voz y la obedeces, te meterás en un lío. Nunca estarás satisfecho. Solo estarás satisfaciendo una de las partes, pero las otras dos no. No estarás satisfaciendo dos tercios de tu ser y esto te generará mucha inestabilidad. Hagas lo que hagas, una reacción nunca puede satisfacerte porque es parcial.

La respuesta tiene que ser total. Entonces no estás actuando desde el triángulo. No estás eligiendo, estás atento y no eliges. Estás centrado, y, sea lo que sea, actúas desde el centro. No es ni el niño, ni los padres, ni el adulto. Estás más allá del triángulo «PAN». Ahora eres tú, no es el niño, ni los padres, ni el adulto. Eres tú, es tu ser. Ese PAN es como un huracán, y tu centro es el ojo del huracán.

Siempre que tengas que hacer frente a la necesidad de responder, Buda dice que lo primero es prestar atención. Estar atento. Recordar tu centro. Establecerte en tu centro. Quedarte ahí un momento antes de hacer nada. No necesitas pensar, porque el pensamiento es parcial. No necesitas sentir, porque el sentimiento es parcial. No necesitas que te den pistas tus padres, ni la Biblia, ni el Corán ni la Gita, que son «P». Simplemente quédate tranquilo y en silencio. Estate atento, observa la situación como si no estuvieses implicado en ella, como si te mantuvieras al margen, como si fueses un observador en la colina.

Este es el primer requisito siempre que vayas a actuar: estar centrado. Y deja que surja la actuación cuando estés centrado; entonces, todo lo que hagas será correcto, todo lo que hagas estará bien.

MIRAR ATRÁS, MIRAR HACIA DENTRO

El arrepentimiento es una atención retrospectiva, el arrepentimiento es mirar atrás.

Has hecho algo que está mal. Si hubieses estado atento, no habría ocurrido nada, pero cuando lo has hecho no estabas atento. Alguien te ha insultado, te has enfadado y le has dado un trompazo en la cabeza. No te has dado cuenta de lo que has hecho. Ahora todo se ha calmado y la situación ha desaparecido, ya no estás enfadado y puedes mirar hacia atrás con más facilidad. En ese momento no estabas atento.

> El arrepentimiento es una atención retrospectiva, el arrepentimiento es mirar atrás.

Lo mejor habría sido estar atento en ese momento, pero se te ha pasado y ahora no sirve de nada llorar, porque ya es agua pasada. Sin embargo, puedes mirar y ser consciente de lo que ha pasado.

Esto es lo que Mahavira denomina *pratikraman*: mirar atrás. Esto es lo que Patanjali denomina *pratyahat*: mirar hacia dentro. Esto es lo que Jesús denomina «arrepentimiento». Esto es lo que Buda denomina *paschatap*. No significa sentirte mal por lo que has hecho, porque eso no sirve para nada; significa darte cuenta. Es volver a vivir la experiencia tal y como debería haber sido. Para ello tienes que volver a experimentarlo.

En ese momento no has estado atento, estabas poseído por la inconsciencia. Ahora que se ha calmado todo, puedes volver a verlo bajo la luz de la conciencia. Tienes que reconstruir la situación como realmente debería haber sido. Aunque en este momento ya no esté, puedes hacerlo retrospectivamente en tu cabeza. Si miras atrás y lo tomas como un hábito, cada vez estarás más atento.

Hay tres etapas. La primera etapa es: has hecho algo y te has dado cuenta. La segunda etapa es: estás haciendo algo y te estás dando cuenta. La tercera etapa es: vas a hacer algo y te das cuenta. Tu vida solo se puede transformar en la tercera etapa, pero las dos primeras son necesarias para que se produzca la tercera, son los pasos imprescindibles.

Debes ser consciente de todas las cosas que puedas. Si te has enfadado, siéntate, medita y date cuenta de lo que ha ocurrido. Normalmente, lo solemos hacer, pero por un motivo equivocado. Lo hacemos para volver a colocar nuestra imagen en el sitio correcto. Tú te consideras una persona amorosa, comprensiva, y, de repente, te has enfadado. Según tu forma de ver, es una distorsión de tu imagen. Sientes una especie de arrepentimiento. Vas a ver a esa persona y le dices: «Lo siento».

¿Qué estás haciendo? Estás dándole a tu imagen una mano de pintura. Tu ego está intentando volver a pintar tu imagen porque la imagen que tienes de ti mismo se ha caído ante tus ojos y ante los ojos de los demás. Estás intentando justificarte. Por lo menos puedes ir y decirle: «Lo siento, lo he hecho sin querer. No sé qué ha ocurrido, no sé qué fuerza me ha poseído, pero lo siento. Perdóname». Estás intentando volver al mismo nivel en el que estabas antes de enfadarte.

Esto es un truco del ego, porque en realidad no te estás arrepintiendo y volverás a hacerlo otra vez.

Arrepentirte de verdad es recordarlo, analizar cuidadosamente todos los detalles de lo sucedido, ir hacia atrás y revivir la

> Arrepentirte de verdad es recordarlo, analizar cuidadosamente todos los detalles de lo sucedido, ir hacia atrás y revivir la experiencia. Revivir la experiencia es como rebobinar: la borra.

experiencia. Revivir la experiencia es como rebobinar: la borra.

Y no solo eso, sino que además desarrollas la capacidad de estar más atento, porque al recordarlo y prestar atención a lo que ocurrió en esa situación estás poniendo en práctica la atención. Estás ejercitando el estar atento, la conciencia. La próxima vez te darás cuenta un poco antes.

Esta vez te has enfadado y se te ha pasado al cabo de dos horas. La próxima vez te calmarás cuando pase una hora. Y la siguiente te calmarás en pocos minutos. Y la siguiente te calmarás en el mismo momento en que ocurra y te darás cuenta. Y con el tiempo irás progresando lentamente, hasta que un día te enfadarás y te pillarás *in fraganti*. Es una experiencia preciosa, pillarte a ti mismo *in fraganti* cometiendo un error. Esto hace que cambie todo, porque cuando se instaura en tu ser el estar atento, ya no reaccionas.

El enfado es una reacción infantil, es el niño que hay en tu interior y proviene de la «N». Luego, sentirte culpable de lo que has hecho proviene de la «P», de los padres. Los padres te obligan a sentirlo y a pedir perdón. No te has portado bien con tu madre o con tu tío y tienes que solucionarlo.

O puede provenir de la «A», de tu mente adulta. Te enfadas y luego te das cuenta de que lo has llevado a un extremo porque podría suponer una pérdida económica. Te has enfadado con tu jefe y ahora tienes miedo. Empiezas a pensar que te podría despedir o reprochártelo. Estaba pensando en aumentarte el sueldo y ahora quizá no lo haga —o cualquier otra historia—, y te gustaría encontrar una solución.

Cuando un buda dice que te arrepientas, no te está diciendo que actúes desde la N, la P o la A. Lo que te está diciendo es que, en el momento en que te des cuenta, te sientes, cierres los ojos y medites sobre lo que ha pasado y te conviertas en un observador. Te has equivocado, pero todavía puedes remediarlo: puedes observarlo. Puedes observar cómo debería haber sido en realidad. Puedes ponerlo en práctica; es un ensayo y, cuando hayas observado toda la situación, te sentirás perfectamente.

Y luego, si quieres, puedes ir a pedir perdón porque lo has entendido, porque meditando te has dado cuenta de que estaba mal —y no por el padre, ni por el adulto, ni por el niño—, y la única razón por la que estaba mal es por haberte comportado de una forma inconsciente.

Lo voy a repetir:

Vete a pedir perdón, pero no lo hagas por motivos económicos, sociales, políticos o culturales; hazlo simplemente porque lo has meditado y te has dado cuenta de que has actuado de una forma inconsciente y le has hecho daño a alguien por culpa de tu inconsciencia.

Al menos tendrás que ir a consolar a esa persona. Tendrás que ir para que esa persona entienda tu descuido, porque solo eres un ser humano inconsciente, un ser humano lleno de limitaciones, y lamentas lo que has hecho. No es para volver a darle brillo a tu ego, sino para hacer lo que has visto al meditar. Esto es algo completamente distinto.

¿Qué hacemos de forma habitual? Nos defendemos. Si te enfadas con tu mujer o con tu hijo, te defiendes y dices que lo has hecho porque era necesario. Lo has hecho por el bien de tu hijo. ¿Cómo vas a castigar a tu hijo si no te enfadas? Si no te enfadas, la gente se aprovechará de ti. Y tú no eres un cobarde, eres valiente. ¿Cómo vas a dejar que la gente te haga algo que no debería hacerte? Tienes que reaccionar.

Te defiendes, te justificas. Mientras sigas justificando todos tus errores… Y puedes justificar cualquier error, no lo olvides. No hay ni un solo error que no se pueda justificar. Puedes justificar cualquier cosa. Pero una persona así cada vez será más inconsciente y se dará menos cuenta de las cosas. Si te sigues defendiendo, no podrás transformarte. Tienes que reconocer que hay algo que está mal. Y el mismo hecho de reconocerlo te ayudará a cambiar.

> Si te sigues defendiendo, no podrás transformarte. Tienes que reconocer que hay algo que está mal. Y el mismo hecho de reconocerlo te ayudará a cambiar.

Normalmente, no queremos corregirnos y solo queremos salvaguardar nuestra imagen, aunque a veces reconozcamos que «sí, ha ocurrido algo que está mal». Queremos sentir que todo el mundo nos perdona. Queremos que todo el mundo sepa que ha estado mal por nuestra parte, pero hemos arreglado las cosas pidiéndoles perdón. Y volvemos a colocarnos en nuestro pedestal. La imagen caída vuelve a estar en su trono. No nos hemos corregido.

Has pedido perdón muchas veces, pero luego vuelves a hacer

lo mismo. Esto demuestra que eso solo es una estrategia, es política, es un truco para manipular a la gente, pero tú sigues siendo el mismo y no has cambiado en absoluto. Si realmente estás pidiendo perdón por tu enfado o por haber ofendido a alguien, no debería volver a ocurrir. Solo esto demuestra que realmente te has propuesto cambiar.

Fíjate en todas las cosas que haces de forma inconsciente. Si alguien te dice algo, te enfadas. No pasa ni un solo instante. Es como si fueras un mecanismo automático: alguien pulsa un botón y tú pierdes los estribos. Es como si fueras un ventilador o una lámpara que se encienden al accionar un interruptor. No pasa ni un instante. El ventilador no piensa si se tiene que mover o no, simplemente se mueve.

> Si realmente estás pidiendo perdón, no debería volver a ocurrir. Solo esto demuestra que realmente te has propuesto cambiar.

Esto es la inconsciencia, esto es un automatismo. Si alguien te insulta, estás poseído por el insulto. Pero, si eres capaz de ser consciente y esperar veinticuatro segundos antes de reaccionar, ¡se acabó! Ya no te enfadarás. El momento del enfado se ha pasado, has perdido el tren, el tren ha abandonado el andén. Te basta con veinticuatro segundos…; inténtalo.

No pierdas la oportunidad de mantenerte atento siempre que puedas. Estos son los mejores momentos: cuando te arrastra la inconsciencia. Si puedes aprovechar estos instantes y convertirlos en un desafío, la existencia cada vez estará más consciente dentro de ti. Un día tu conciencia se convertirá en una llama incesante, en una llama eterna. Entonces la existencia estará perfectamente despierta: no dormirá, no soñará.

Esto es lo que significa la palabra «buda». Buda significa «el que está completamente despierto». No deja de estar atento en ninguna circunstancia. Para él lo natural es estar atento, es como respirar. Del mismo modo que tú inhalas y exhalas, el buda inhala estar atento y exhala estar atento. Siempre está centrado. No actúa de acuerdo con personalidades distintas, según la personalidad del niño, los padres o el adulto. Siempre actúa desde un punto que está más allá de todas las personalidades.

Voy a repetirte algo para que lo recuerdes.

Hay tres capas: el niño, los padres y el adulto, pero tú no eres ninguna de ellas.

No eres ni el niño, ni los padres, ni el adulto. Eres algo que está más allá, eres algo eterno, eres algo que está muy alejado de todas estas partes en lucha, en conflicto.

No elijas, simplemente estate atento y actúa partiendo de esa atención. Entonces serás tan espontáneo como un niño, sin ser infantil. Recuerda la diferencia entre ser un niño y ser infantil. Son dos cosas distintas.

Si actúas partiendo de esa atención plena, serás como un niño, pero no serás infantil. Y si actúas partiendo de esa atención plena, obedecerás todos los mandamientos sin obedecerlos en absoluto. Si actúas partiendo de esa atención plena, todo lo que hagas será razonable. Y ser razonable es ser realmente racional.

Ten en cuenta que no es lo mismo ser razonable que ser racional. Ser razonable es algo diferente porque también acepta que la irracionalidad forma parte de la vida. La razón es monótona, es monótono ser racional. Ser razonable es aceptar la polaridad de las cosas. Una persona razonable es al mismo tiempo una persona que siente y una persona que razona.

Cuando actúas desde el fondo de tu ser, te sientes inmensamente satisfecho, estás satisfecho porque has contentado a las tres capas. Tu niño está contento porque eres espontáneo. Tus padres no se enfadan ni se sienten culpables, porque haces espontáneamente todo lo que esté bien, y no es porque lo hayas aprendido, sino porque te das cuenta internamente.

Obedeces los diez mandamientos de Moisés sin haber oído hablar de ellos nunca, y lo haces de forma natural. Moisés los descubrió ahí, no en una montaña, sino en una cumbre interior. Y obedeces a Lao Tzu y a Jesús, aunque nunca hayas oído hablar de ellos. Y obedeces a Manu y a Mahavira y a Mahoma de forma natural, y aun así no eres irracional. Tu mente estará completamente de acuerdo. No estará en contra de tu racionalidad adulta. Tu racionalidad adulta estará totalmente convencida de ello, tu Bertrand Russell estará convencido de ello. Entonces, tus tres partes en conflicto se convierten en una sola. Te conviertes en una unidad, estás unido. Desaparecen todas esas voces. Ya no eres muchos, sino uno. Este es el objetivo.

4

El tao de desprenderse

¿Te has fijado en que cuesta mucho engañar a un niño? Le cuesta incluso a una persona astuta. Si un niño tiene un billete de cien dólares en la mano, nadie se atreverá a engañarlo. Cuesta mucho engañar a un niño. ¿Por qué? Porque confía, porque es inocente, por su inocencia. Si le robas dinero a un niño, nunca te lo perdonarás. Ese recuerdo te acechará siempre y te atormentará.

¿Alguna vez te has percatado de lo siguiente? Si te sientas en el andén de una estación y le dices a la persona que tienes al lado y a la que no conoces: «Tengo que ir a sacar un billete, ¿podrías echarle un vistazo a mi equipaje, por favor?», estás dejando tus maletas y todas tus pertenencias en manos de un desconocido. Quién sabe... Se lo podría llevar todo; sin embargo, eso nunca ocurre. ¿Por qué? Por la confianza. ¿Cómo te va a engañar una persona a la que no conoces si depositas tu confianza en ella? Si estuvieras vigilando tu propio equipaje, es posible que te robara algo, pero, si lo dejas al cuidado de alguien porque vas a sacar un billete, es imposible que te robe. ¿Qué lo hace imposible? El poder de la confianza. La confianza tiene una energía, tiene una vibración. El mero gesto de confiar en alguien lo hace imposible: esa persona no te va a engañar.

Esto significa que, si alguien te engaña, no es solo culpa suya. Tú también tienes la culpa en cierto sentido. Debe haber desconfianza dentro de ti y han captado la vibración. Si la confianza en la gente le impide engañarte, tu desconfianza crea una situación donde les resulta más fácil engañarte.

EL HOMBRE QUE PERDIÓ LA MEMORIA

Hay una historia de un hombre que perdió la memoria en su madurez. Era Hua-tzu, de Yang-li, de Sung. Recibía un regalo por la mañana y por la noche lo había olvidado, o daba un regalo por la noche y a la mañana siguiente lo había olvidado. Cuando estaba en la calle se le olvidaba andar, cuando estaba en casa se le olvidaba sentarse. Hoy no se acordaría de ayer; mañana no se acordaría de hoy. Su familia estaba muy preocupada por él. Llamaron a un adivino para que vaticinara su suerte, pero no funcionó. Llamaron a un chamán para que celebrara un ritual de sanación, pero tampoco sirvió para nada. Llamaron a un médico para que lo tratara, pero no se curó.

En Lu había un seguidor de Confucio que actuaba como mediador suyo, y él les aseguró que podía curarlo. La mujer de Hua-tzu y sus hijos le ofrecieron la mitad de su patrimonio a cambio de sus conocimientos.

El confuciano les dijo:

—La enfermedad que tiene evidentemente no es una enfermedad que se pueda adivinar por medio de hexagramas ni de presagios, y tampoco se puede tratar con medicinas ni

agujas. Voy a intentar reformar su mente cambiando sus pensamientos, y hay muchas probabilidades de que se recupere.

Entonces, el confuciano intentó desnudar a Hua-tzu, pero Hua-tzu buscó su ropa; intentó hacerle pasar hambre, pero él buscó comida; intentó encerrarlo en un cuarto oscuro, pero él buscó la luz. El confuciano estaba encantado, y les dijo a los hijos de este hombre:

—Tiene una enfermedad curable, pero mi conocimiento es algo que me ha sido transmitido a lo largo de muchas generaciones y no puedo revelárselo a nadie. Todos los ayudantes deberán quedarse fuera para que yo pueda estar a solas con él durante siete días.

Los hijos accedieron y, aunque nadie supo qué método usó el confuciano, la enfermedad que había durado tantos años desapareció completamente en una sola mañana.

Cuando Hua-tzu se despertó, se enfadó mucho. Echó a su mujer, castigó a sus hijos y persiguió al confuciano con una lanza. Las autoridades de Sung le arrestaron; querían saber cuál era la causa de su comportamiento.

—Antes, cuando me olvidaba de todo —dijo Hua-tzu—, no tenía límites, no sabía si existían el cielo y la tierra. Ahora, de repente, me acuerdo y vuelven a aparecer entretejidas como una maraña todas las catástrofes y las ayudas, las ganancias y las pérdidas, las alegrías y las penas, y los amores y los odios de estos últimos veinte o treinta años. Y me da miedo que todas las catástrofes y ayudas, ganancias y pérdidas, alegrías y penas, y amores y odios que todavía no han ocurrido vengan a alterar mi corazón como ya lo hicieron

antes. ¿No podré volver a tener un momento de olvido nunca más?

Esta es una de las grandes parábolas de Lieh Tzu, está cargada de significado y tiene una profunda clarividencia. Se basa en una gran experiencia del mundo interior de la conciencia, y es paradójica, pero señala algo absoluto. Vamos a adentrarnos en ella suave y delicadamente, con mucho cuidado. Tiene mucho que ofrecerte, tiene mucho que enseñarte. Puede aportar mucha claridad en tu camino.

Antes de empezar, nos interesa conocer varios paradigmas del taoísmo.

En primer lugar, el taoísmo considera que el problema es la memoria. Por culpa de la memoria no estamos realmente vivos.

La memoria nos lleva al pasado, no nos permite vivir en el presente. Es un peso muerto. Va aumentando cada día, se va haciendo más grande. Todos los días tienes experiencias que se van acumulando en la memoria. Y esto es lo que te frena.

La memoria nos lleva al pasado, no nos permite vivir en el presente.

Un niño es libre porque no tiene pasado. Un anciano no es libre porque tiene un largo pasado. Un niño no tiene nada que mirar atrás, pero puede mirar hacia delante todo lo que quiera, porque tiene todo el futuro por delante, le espera una gran aventura. Un anciano no tiene nada en el futuro. Ya ha ocurrido todo lo que tenía que ocurrir, y todo lo que ocurrió se ha acumulado en su mente. Es un peso que lo retiene, que va tirando de él hacia atrás y no le permite avanzar con el tiempo. Le hace quedarse atrás.

Lo que te ancla al pasado es la memoria. Hasta que no te liberes de la memoria para no tener que mirar atrás, para que no te moleste, para que no te nuble la vista, no podrás vivir en el presente. Si no puedes vivir en el presente, el futuro no será tuyo, porque el contacto con el futuro se consigue cuando vives en el presente. El futuro solo se convierte en una realidad si se vive el presente.

El presente es la puerta a través de la cual entra el futuro y sale el pasado. Si estás mirando al pasado, te pierdes el futuro, porque el futuro está entrando en el presente en el momento en que estás mirando al pasado, y no puedes mirar en las dos direcciones al mismo tiempo. Tus ojos miran hacia delante, no tienes ojos en la nuca. La naturaleza nunca ha pretendido que mires hacia atrás; de lo contrario, te habría puesto ojos en la nuca. La naturaleza pretende que mires hacia delante, no te ha dado ninguna herramienta para mirar hacia atrás.

Para mirar hacia atrás tienes que darte la vuelta, y durante el tiempo que estás mirando hacia atrás y tu cabeza está girada mirando el pasado muerto, el futuro se está convirtiendo en presente. Te pierdes ese nacimiento, siempre te pierdes el futuro mientras se convierte en presente, que es la única realidad que existe.

¿Qué ocurre entonces? Si el pasado te interesa demasiado, si estás apegado en exceso a tus memorias, empiezas a crear un futuro irreal con tu imaginación. Cuando una persona está demasiado apegada al pasado, también proyecta su futuro. Vive en su memoria y por medio de ella crea un futuro imaginado. Pero ambas cosas son irreales.

El pasado ya no existe, no puedes volver a vivirlo, es imposible. Lo que se ha ido se ha ido, y no es posible traerlo de vuelta. Así, empiezas a imaginarte un futuro parecido, un tipo de futuro parecido, un poco más decorado, un poco más dulce, un poco mejor. Empiezas a imaginarte el futuro, pero es un futuro basado en tu experiencia del pasado. ¿En qué otra cosa te puedes basar?

Has amado a una mujer y te gustaba casi todo de ella, excepto algunos detalles. Ahora proyectas un sueño en el futuro: encontrarás a una mujer que te guste tanto como la del pasado, pero eliminando las malas costumbres y los malos hábitos. En el futuro tendrás una casa tan bonita como la del pasado o incluso más; sin embargo, le añadirás algunas cosas que no tenía en el pasado. Intervendrás en el futuro.

Tu imaginación no es más que un pasado modificado. Así es como vive la gente. El pasado ya no existe y el futuro simplemente es el deseo de repetir el pasado, pero mejorándolo, como es lógico, aunque sigue siendo el mismo pasado. Ayer comiste algo y mañana querrías volver a comerlo. Ayer amaste a un hombre o una mujer, y mañana te gustaría volver a amar a ese hombre o a esa mujer. Quieres repetir tu pasado. La mente es un mecanismo repetitivo, siempre busca lo mismo.

La realidad es nueva en cada momento, nunca es igual. No puedes pisar dos veces el mismo río, la vida se mueve constantemente, cambia constantemente. Lo único permanente es el cambio, todo lo demás cambia. Lo único que no cambia es el cambio —que es la realidad—, pero creas una pseudorrealidad falsa que te has inventado, que has fabricado con tu mente, que has confeccionado de acuerdo con tu deseo, y empiezas a vivirla.

El taoísmo dice que para estar en la realidad hay que salirse de la mente, hay que convertirse en no-mente. Para estar en la realidad hay que desarraigarse del pasado. Hay que olvidarse del pasado. Para acordarte de lo que es, los ojos no pueden estar nublados por el pasado, y, en realidad, esta es la única forma de ver. Los ojos nublados por el pasado están ciegos.

En realidad no estás ciego, pero estás nublado por el pasado. No puedes ver directamente porque tienes muchas pantallas que te cubren los ojos. Esas pantallas las ha creado tu pasado.

Alguien te insultó ayer y hoy te encuentras con esa persona por la calle. Surge el pasado, se despliega una pantalla delante de tus ojos: ¡es el mismo hombre que te insultó! Tienes que vengarte, tienes que pagarle con la misma moneda, ojo por ojo.

Te empiezas a enfadar, te pones furioso. Pero no estás viendo a esa persona. Es posible que esa persona no sea la misma; de hecho, ya no es igual. Se puede haber arrepentido, puede haber estado dándole vueltas toda la noche y ha decidido pedirte perdón. A lo mejor está yendo a pedirte perdón, pero tú no lo ves porque tus ojos están nublados por la rabia, y tu rabia tiñe tu realidad.

Y, entonces, aunque esté intentando pedirte perdón, tú creerás que te está mintiendo o que teme tu venganza, o que es un hombre muy astuto y te quiere engatusar o engañar. Crees que, aunque en este momento él quiera volver a ser tu amigo, un día volverá a hacerte algo... Tienes todos estos pensamientos y por eso no eres capaz de ver a la persona que está ahí. Te estás perdiendo la realidad.

Y hay muchas posibilidades de que, aunque ese hombre fuera a pedirte perdón, al ver que hay tantas nubes en tu cara, ¡decida no hacerlo! Podría cambiar de idea porque ve que estás furioso y no lo vas a entender —porque influimos los unos en los otros—, y, si cambia de idea, estará confirmando lo que pensabas y lo fortalecerá aún más. Esto es lo que suele ocurrir.

Cuando una persona tiene claridad, nunca arrastra el pasado. Mira la realidad sin las interferencias del pasado. Este es el significado de esta historia.

SIN UNA MENTE PROPIA

Dejar a un lado la memoria significa dejar a un lado la mente. Dejar a un lado la mente significa dejar a un lado el mundo entero. Dejar a un lado la mente significa dejar a un lado el ego, dejar de estar centrado en tu yo, dejar de tener mente de ningún tipo. Y esto es lo que significa el tao: vivir la vida sin una mente propia. Entonces, la mente de Dios puede actuar a través de ti, no necesitas tener una mente propia. Actúas, pero ya no lo haces desde tu propio centro. Ahora el centro de la totalidad se convierte en tu centro. Actúas, pero ya no eres el hacedor; es Dios quien actúa. Tu entrega es absoluta.

Justo el otro día leí una preciosa parábola jasídica:

Un joven le preguntó a un anciano rabino:
—Nos han contado que en el pasado, en la antigua época dorada, había gente que podía ver a Dios con sus propios ojos. La gente solía encontrarse con Dios. Dios caminaba sobre la tierra y llamaba a las personas por su nombre. Dios era muy cercano. ¿Qué ha ocurrido ahora? ¿Por qué ya no

está tan cerca? ¿Por qué no podemos verlo directamente? ¿Dónde se ha escondido? ¿Dónde se ha metido? ¿Por qué se ha olvidado de la tierra? ¿Por qué ya no camina sobre la tierra? ¿Por qué no lleva de la mano a las personas que avanzan tambaleantes en la oscuridad? Antes solía hacerlo.

El anciano rabino miró a su discípulo y le dijo:

—Hijo mío, él sigue estando donde antes, pero el hombre se ha olvidado de que hay que agacharse mucho para poder verlo.

Agacharse... El hombre se ha olvidado, el hombre es muy altivo, es muy orgulloso, está muy erguido. El hombre se ha separado de Dios. El hombre se ha convertido en una isla, por eso ha dejado de formar parte de lo universal, del todo, esa es la razón. Dios sigue estando exactamente donde estaba. Sigue queriendo llevarte de la mano, pero tú no lo dejas. Sigue estando frente a ti, pero miras hacia otro lado. Él sigue ahí, llamándote por tu nombre, pero tú te has llenado con tu propio ruido, con tu cháchara interna, con un parloteo incesante; te has convertido en un charlatán y por eso no lo oyes.

El hombre se ha olvidado de agacharse, de inclinarse.

En Oriente, inclinarse siempre ha sido un gesto muy importante. Cuando un discípulo va a ver a su maestro, se inclina, se postra en el suelo. Es un gesto de entrega. Está diciendo: «Ya no existo». Está diciendo: «Voy a dejar de existir como persona. Ahora voy a ser un vehículo. Voy a ser pasivo. Tú te viertes en mí y yo seré un vientre; tú te viertes en mí y yo seré un receptáculo. No voy a luchar. Me entrego». Y con esa entrega ocurre algo muy valioso, porque con un maestro empiezas a aprender los rudimentos de la entrega. Un día, cuando hayas aprendido en qué consiste la entrega, intentarás hacerlo con el resto de la existencia.

Un maestro es el jardín de infancia, es el principio, es el comienzo de la entrega, el comienzo de confiar en la existencia. Cuando hayas aprendido la felicidad que te produce, la belleza que tiene, las bendiciones que te aporta, querrás sumergirte en mares más profundos. Has aprendido a nadar cerca de la orilla y ahora quieres irte a sitios más lejanos. Ahora la divinidad está a tu alcance, pero, si existes como tú, si existes como un yo, es imposible, porque existes como un ego.

En esta parábola, la memoria representa el ego. Las parábolas taoístas son muy sutiles.

Vamos a analizarla.

Un hombre perdió la memoria en su madurez. Era Hua-tzu, de Yang-li, de Sung.

Esto es otra forma de decir que se convirtió en un meditador. «Perder la memoria» es una expresión taoísta. Significa que se ha convertido en un no-individuo. Significa que se ha transformado en no-ego. Significa que se ha liberado de las garras de la mente, que ha soltado el peso del pasado. No es una crítica, todo lo contrario; lo está valorando.

En los círculos taoístas, cuando dicen que «alguien ha perdido la memoria», están alabando a esa persona. Los taoístas tienen una forma particular de decir las cosas, es muy peculiar. Pero el significado de sus gestos es muy profundo.

Un hombre perdió la memoria en su madurez. Era Hua-tzu, de Yang-li, de Sung. Se convirtió en no-mente, se olvidó de su pasado, se olvidó de todo lo que había ocurrido, como si hubiera desaparecido todo el polvo que hay en el espejo. Empezó a vivir en el presente…, esto es lo que significa.

Ya no estaba en el pasado, ya no existía a través del pasado, ya no actuaba a través del pasado. Había empezado a funcionar de acuerdo con el presente inmediato, sin almacenar nada, sin acumular, sin acaparar conocimientos ni información. Lo único que había era lo que le llegaba de la totalidad en cada momento. Si tenía hambre, buscaba comida, pero no se acordaba de lo que había comido antes. En cuanto saciaba su apetito, se olvidaba de ello. En su mente no tenía una idea de la comida, no fantaseaba con ella ni antes ni después. El momento presente era todo, el aquí y el ahora era todo. No había un después ni un allí.

Este es el primer *satori*, desprenderte de las garras del pasado, del control del pasado, como una serpiente que se deshace de su antigua piel. Convertirte en algo nuevo por completo, como un árbol que se despoja de todas las hojas en el otoño y al que vuelven a salirle hojas nuevas. En el momento en que algo se vuelve viejo, te desprendes de ello enseguida. Y estás en el presente una vez más. Es un estilo de vida completamente nuevo.

Compruébalo en tu propia vida. ¿Cómo vives? ¿Arrastras el pasado contigo todo el tiempo? ¿Vives siempre a través del pasado? ¿Tu vida está teñida por el pasado? Entonces estás viviendo la vida mundana. Vivir a través de la memoria es vivir en el mundo, en el *samsara*. Vivir sin memoria es vivir en la divinidad. Vivir sin memoria es vivir en el nirvana, en la iluminación.

Cuando dice que Hua-tzu perdió la memoria, no debes interpretarlo como que estaba distraído. ¡No! No es ese el significado. Estar distraído es algo completamente distinto. Es una enfermedad; sigues teniendo memoria, pero está distorsionada. Sabes, pero no sabes claramente.

ESTAR DISTRAÍDO

Una persona distraída no es una persona del tao. Una persona distraída simplemente está distraída. Un hombre del tao está muy presente, no está distraído. De hecho, está tan presente que su memoria no puede interferir. Tiene una presencia inmensa, su presencia es tan intensa, la luz de su presencia es tan intensa que su memoria no interfiere. Actúa de acuerdo con el presente, pero tú actúas conforme a tu memoria.

Cuando una persona está distraída, es normal que tengas la impresión de que está enferma, porque se olvida de todo. En realidad no se olvida, porque recuerda que se ha olvidado. Hay que entender esta diferencia. Él se acuerda de que se ha olvidado, sabe que lo sabe, aunque no lo pueda recordar. Esto es una persona distraída.

He oído muchas historias acerca de Thomas Alva Edison. Era un hombre al que podríamos considerar el sumun de la distracción.

Un día fue a comer a un restaurante y cuando terminó, en la puerta de la calle, se encontró con un amigo. Hablaron durante unos minutos, y el amigo le dijo:

—¿Por qué no te quedas a comer conmigo?

Edison contestó:

—¡Perfecto! Me acabas de recordar que venía a comer.

Volvieron a entrar en el mismo restaurante. Les sirvieron la comida, y el amigo le dijo a Edison:

—Te veo un poco extrañado.

Edison dijo:

—No sé qué me pasa, es que no tengo nada de apetito.

El camarero se rio y le dijo:

—Señor, acaba de comer aquí hace cinco minutos.

Esto es ser distraído.

En una ocasión se olvidó de su nombre. Estaba haciendo cola y cuando llegó su turno le llamaron por su nombre y se puso a mirar a su alrededor buscando a la persona a la que habían llamado. Entonces, la persona que estaba detrás de él en la cola le dijo:

—Señor, según tengo entendido, Edison es usted; ¿a quién está buscando?

—Muchas gracias —respondió Edison—, me había olvidado por completo.

Esto es ser una persona distraída. Edison no era un hombre de *satori*, seguía viviendo en su memoria, pero su memoria era un caos. No se aclaraba. No era un Buda, no era Hua-tzu. No vivía en el presente, seguía viviendo en el pasado. Por supuesto, era un pasado muy confuso. La distracción es un pasado enmarañado, una memoria enmarañada, una pésima memoria.

ESTAR PRESENTE

Una persona que ha perdido la memoria en el sentido taoísta del término, por otro lado, es alguien que actúa desde la presencia de su mente, estando presente.

Hace unos días estaba leyendo las memorias de un hombre muy poco corriente. Un santo que murió hace algunos años.

Vivió muchísimo tiempo, casi ciento cuarenta años. Se llamaba Shivapuri Baba, Shivapuri Baba de Nepal, y cuenta una historia en sus memorias:

> *Había ido a Jaipur y un hombre muy rico le había dado una caja llena de billetes de cien rupias. Cuando estaba en el tren, miró la caja llena de dinero, sintió curiosidad por saber cuánto había y se puso a contarlo. En su compartimento solo viajaban dos personas: el anciano Shivapuri Baba, que en esa época debía de tener unos ciento veinte años, y una señora inglesa, una mujer joven. A ella le llamó la atención que un mendigo viajara en un compartimento de primera clase con una caja llena de billetes de cien rupias.*
>
> *De repente, se le ocurrió una idea. Se puso de pie y le dijo:*
> *—Dame la mitad del dinero; si no lo haces, tiraré de la cadena para que vengan los revisores y, cuando estén aquí, les diré que has intentado violarme.*
>
> *Shivapuri Baba se rio y se acercó las manos a las orejas como si estuviera sordo. Le dio una hoja de papel y le dijo:*
> *—Escríbemelo. Soy sordo.*
>
> *De modo que ella lo escribió. Él se guardó la hoja de papel en el bolsillo y le dijo:*
> *—Y ahora llama a los revisores.*

¡Esto es estar presente! No está actuando de acuerdo con el pasado, porque es algo que nunca le había ocurrido y quizá nunca volvería a ocurrirle. Pero una persona que está realmente presente responde a la situación de forma fulgurante, es como un relámpago.

Si te hubiera ocurrido a ti, no habrías sabido qué hacer y te habrías puesto a rebuscar en tu memoria para encontrar una solución. Habrías empezado a buscar a tientas por tu memoria, ¿hay algo del pasado que me indique lo que tengo que hacer ahora?

En la vida real, nunca se repite nada. Todo es nuevo. Por eso tus respuestas nunca están a la altura. Actúas de acuerdo con el pasado; sin embargo, es una situación nueva por completo, nunca te había ocurrido antes, de modo que no tienes ninguna experiencia. Puedes tener una experiencia de algo parecido, pero no es exactamente lo mismo, no se repite. Las situaciones nunca se repiten, aunque sean parecidas: puede ser que alguien te tendiera una trampa, que alguien te engañara, que alguien te amenazara; es parecido, pero nunca es exactamente igual. Si empiezas a rebuscar en la memoria, estás demostrando que no estás presente.

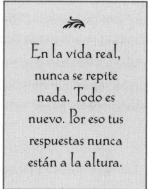

En la vida real, nunca se repite nada. Todo es nuevo. Por eso tus respuestas nunca están a la altura.

Es una paradoja: un hombre que no está en la mente, está presente. Y un hombre mental, que tiene memoria, es un hombre que está ausente. Está rebuscando en su pasado.

Hay una situación que te confronta aquí y ahora, hay un enfrentamiento y tienes que responder en este momento. Es como un espejo que refleja todo lo que se ponga delante de él. No se pone a rebuscar en la memoria: «Este hombre ha estado aquí antes, delante de mí, ¿cómo lo reflejo?». Simplemente lo refleja.

El hecho de que no haya memoria no es estar distraído. El espejo está limpio, no tiene polvo, el polvo no molesta. Es un reflejo nítido y el acto surge de ese reflejo. Cuando actúas de acuerdo con el momento presente, tu acción siempre es total. Nunca te defrauda.

Esta historia de Hua-tzu es sobre un hombre que perdió la memoria, que perdió la mente, que perdió su pasado y se quedó sin cargas. En palabras de Jesús: es alguien que ha vuelto a convertirse en un niño y es capaz de entrar en el reino de Dios.

Pero, como es lógico, esto debió de plantearles un serio problema a su familia y a sus amigos. No sabían qué le había ocurrido, ¡era una tragedia! Debían de pensar que había caído en un profundo sueño, algo parecido al sueño. Pero era justo lo contrario: ellos estaban dormidos y él había despertado del sueño. El problema es que ellos solo entendían el lenguaje del sueño, por eso pensaban que se había dormido.

VOLVER A SER UN NIÑO

Un vendedor de la gran urbe se equivocó en un cruce y se encontró irremediablemente perdido en un barrio a las afueras de Kentucky. Después de dar botes por una carretera pedregosa durante más de una hora, llegó a una gran intersección. Al lado de la carretera estaba parado un anciano con aspecto de montañés.

—¡Oiga usted! —le gritó—. ¿Me podría decir hacia dónde va la carretera de la derecha?

—No lo sé exactamente —contestó el anciano.

—*Entonces ¿a lo mejor sabe hacia dónde va la carretera de la izquierda?*

Pero el anciano volvió a negar con la cabeza:

—*Pues tampoco lo sé exactamente.*

Un poco ofuscado, el hombre de la ciudad le espetó:

—*No tiene usted muchas luces, ¿verdad?*

—*Puede que no* —*farfulló el montañés*—, *pero no estoy perdido.*

Los demás debían de pensar que el anciano Hua-tzu había perdido la cabeza. Había cambiado tanto que todo el pueblo —sus amigos, su familia, sus hijos, sus hijas y su mujer— estaban muy preocupados. ¿Qué podían hacer con él?

Recibía un regalo por la mañana y por la noche lo había olvidado...

Realmente, se había vuelto como un niño otra vez. Esta es la cualidad de la inocencia.

... o daba un regalo por la noche y a la mañana siguiente lo había olvidado. Cuando estaba en la calle se le olvidaba andar, cuando estaba en casa se le olvidaba sentarse. Hoy no se acordaría de ayer; mañana no se acordaría de hoy.

Esto no quiere decir que estuviera distraído, simplemente había dejado de acumular el pasado. No es que tuviera una memoria pésima, es que no tenía memoria de ningún tipo. Era como un niño.

Te has enfadado con un niño y el niño se ha enfadado contigo. ¡Observa su cara! Está muy enfadado y se ha puesto rojo porque te mataría. Te dice: «¡No te voy a volver a hablar nunca más! ¡Se acabó!». Y al momento siguiente se vuelve a sentar en tu regazo y habla como si no hubiera pasado nada. Ya se le ha olvidado. Ha desaparecido todo lo que te dijo cuando estaba enfurruñado. No va cargando con ello en la mente.

Sí, en ese preciso momento se ha enfadado contigo y te ha dicho algo, pero ahora se le ha pasado y todo lo que te dijo en ese momento ha dejado de existir. No está obligado a cumplir lo que dijo, ha sido un brote repentino, una oleada. No se queda anclado en ese momento, sabe fluir. Ha sido una oleada, se ha levantado una ola, pero ya se ha ido. No va a cargar con eso para siempre. Y si se lo recuerdas se reirá y te dirá: «¡Qué tontería! No me acuerdo. ¿De verdad?».

Te dirá: «¿De verdad he dicho eso? ¡No puede ser!».

Te dirá: «¿Cómo puedo haber dicho eso? Te lo estás inventando».

Ha sido un brote, debes tener esto claro. Cuando alguien vive momento a momento, a veces se enfada, a veces está contento y a veces está triste. Pero puedes confiar en él porque nunca irá cargando con las cosas para siempre. Una persona que se controla mucho y no expresa ninguna emoción es muy peligrosa. Si la insultas, se callará, no se enfadará, irá reprimiendo la rabia hasta que un día explote y haga algo realmente feo.

No pasa nada por tener un estallido de rabia de vez en cuando, y, en cierto sentido, tiene su belleza. Simplemente nos muestra que esa persona está viva. Un estallido repentino nos muestra que no está muerta, que responde a las situaciones y lo hace con autenticidad. Cuando siente que una situación requiere que se enfade, lo hace. Cuando siente que la situación precisa que esté feliz, lo hace. Responde de acuerdo con la situación. No tiene prejuicios ni a favor ni en contra, no tiene una ideología como tal. No va con la idea predeterminada de que no hay que enfadarse bajo ninguna circunstancia o de que no se enfada nunca.

¿Qué pasa si alguien intenta no enfadarse? Que reprime su enfado. Y entonces llega un momento en que el enfado sale de una forma desproporcionada en alguna situación, y parece un loco. Podría asesinar a alguien, suicidarse o hacer algo peor, porque cuando se expresa un enfado que se ha reprimido tanto tiempo es muy peligroso y destructivo.

Un enfado normal no tiene nada de malo. De hecho, una persona que puede enfadarse y olvidarse al instante siguiente es realmente una buena persona. Esa persona siempre será amable, vital, cariñosa, comprensiva. Una persona que se guarda lo que siente y siempre se está controlando —lo que llamamos una persona disciplinada—, nunca será una buena persona. Siempre quiere demostrar que es más santa que tú, pero en sus ojos solo ves enfado. Lo percibes en su cara y en sus gestos, en su forma de andar, en su forma de hablar, en su manera de relacionarse con la gente; en el fondo ves que siempre está enfadada, siempre está en ebullición, a punto de estallar en cualquier momento. Este tipo

Un enfado normal no tiene nada de malo. De hecho, una persona que puede enfadarse y olvidarse al instante siguiente es realmente una buena persona.

de personas son asesinas, son criminales, son realmente malvadas. Cuando una persona se controla, el control fortalece cada vez más su ego. Y el ego es mucho más peligroso que la rabia. La rabia es humana, no pasa nada. Es sencilla: si en cierta situación te provocan, tú estás vivo y respondes a esa situación. Solo estás diciendo que no te vas a rendir, que no vas a aceptar esa situación, que te resistes a esa situación. Es una protesta y no tiene nada de malo. No estoy en contra de la rabia, estoy en contra de la rabia reprimida. No estoy en contra del sexo, estoy en contra de la sexualidad reprimida.

Todo lo que ocurre en este momento está bien. Todo lo que se ha ido reprimiendo en el pasado está mal, es insano, es una enfermedad.

NO PIENSES EN EL MAÑANA

Hua-tzu había vuelto a ser como un niño: *Hoy no se acordaría de ayer; mañana no se acordaría de hoy.*

Jesús les dice a sus discípulos: «No penséis en el mañana. Fijaos en lo bonitos que son los lirios del campo. No piensan en el pasado ni en el futuro. No les preocupa lo que va a ocurrir ni lo que ha ocurrido. Simplemente viven aquí y ahora, esa es su belleza». Esa es la belleza de los árboles, de las piedras, de las estrellas y los ríos. Toda la creación es bella porque no tiene pasado.

El ser humano es horrible, y lo que lo vuelve horrible es el pasado. Aparte del ser humano, no hay nada horrible, porque el ser humano es el único que da vueltas en la cabeza al pasado y al futuro, y eso lo lleva a perder de vista la vida que está aquí, en el presente. Esta es la única vida que hay, es el único baile que hay. Por supuesto, si no tienes la oportunidad de vivir, de vivir de verdad, te vuelves horrible.

Me contaron una bella anécdota:

> *Un hombre estaba hablando de cacerías con su amigo el sastre.*
>
> *—Una vez —dijo el sastre—, estaba cazando leones en un safari en África y de repente me di cuenta de que tenía uno a unos tres metros de mí, y yo no llevaba mi fusil. El león se me acercó. Ya solo estaba a un metro y medio.*
>
> *—¿Y qué hiciste? —preguntó el hombre aguantando la respiración.*
>
> *—Pues, resumiendo, el león dio un salto y me mató.*
>
> *—¿Cómo? ¿Qué quieres decir? —preguntó el hombre—. Yo te veo aquí vivito y coleando.*
>
> *—¡Vaya! —dijo el sastre—. ¿A esto lo llamas tú vivir?*

Las personas que están vivas no están realmente vivas. Las han matado, y no solo una vez, sino muchas. Las ha matado el pasado, el león del pasado; las ha matado el futuro, el león del futuro. Y las están matando cada día, estos dos enemigos las matan a diario.

Hay una preciosa parábola budista que tiene muchos significados. Todos ellos son bonitos, pero hoy me gustaría que entendieras uno de ellos:

Un hombre iba corriendo por un bosque huyendo de un león que le perseguía. El hombre llegó hasta un precipicio. No tenía escapatoria, así que se quedó parado. Durante un instante no supo qué hacer. Miró hacia abajo y vio que había un profundo valle, un gran abismo. Si saltaba, estaba perdido, pero al menos habría una posibilidad, porque siempre puede ocurrir un milagro. Volvió a mirar más detenidamente y vio que en el fondo del valle había otros dos leones mirando hacia arriba. Tenía que olvidarse de esa posibilidad.

El león se iba acercando y rugía, el hombre lo oía rugir. La única posibilidad que le quedaba era agarrarse a las raíces de un árbol que asomaba en el precipicio. No podía saltar y tampoco podía quedarse a los pies del precipicio, de modo que se agarró a las raíces del árbol. Las raíces eran muy frágiles y le daba miedo que se rompieran en cualquier momento. Y no solo eso, sino que además hacía mucho frío, se estaba acercando la noche y estaba a punto de ponerse el sol. Tenía las manos tan frías que le daba miedo no poder seguir agarrado durante mucho tiempo. Ya se le estaban empezando a escurrir las raíces. Tenía las manos heladas. Era una muerte asegurada. La muerte estaba presente en todo momento.

Cuando miró hacia arriba, vio que dos ratones se habían puesto a roer las raíces del árbol. Uno era blanco y el otro era negro. Eran el símbolo del día y la noche, el símbolo del tiempo. Se estaba quedando sin tiempo y los dos ratones seguían royendo las raíces; estaban haciendo un gran trabajo. Ya no les faltaba casi nada, estaban a punto de terminar, porque se estaba haciendo de noche y ellos también tenían que irse a descansar, así que querían terminar a toda prisa. En cualquier momento se iba a soltar la raíz del árbol.

Entonces el hombre volvió a mirar hacia arriba y vio que el árbol tenía una colmena que chorreaba miel. En ese momento se olvidó de todo y sacó la lengua para que le cayera una gota de miel. Y le cayó en la lengua. La miel tenía un sabor increíblemente dulce.

Esta parábola tiene muchas lecturas. He hablado de ella en muchos aspectos. Esta vez quiero señalar uno concreto: este momento. En el pasado, hay un león que se acerca; en el futuro hay dos leones esperando. Se está quedando sin tiempo, la muerte está muy cerca, como ocurre siempre. Los ratones están cortando las raíces de la vida día y noche, pero, aun así, si consigue vivir el presente, tiene un sabor increíblemente dulce.

Es muy bonito. El hombre estaba viviendo en el presente y se olvidó de todo. En el presente no había muerte, ni leones, ni tiempo, ni nada, solo el dulce sabor de la miel en la lengua.

Así es como hay que vivir, es la única forma de vivir. Si no, no estás viviendo. Y esto es lo que ocurre en cada momento.

Es una parábola tremendamente existencial. La situación es esta: tú eres la persona que cuelga de la raíz del árbol, la muerte te rodea por todas partes y te estás quedando sin tiempo. En cualquier momento morirás y desaparecerás. ¿Qué puedes hacer? ¿Preocuparte por el pasado? ¿Preocuparte por el futuro? ¿Preocuparte por la muerte? ¿Preocuparte por el tiempo? ¿O disfrutar de este momento?

«No pienses en el mañana» significa dejar que este momento se convierta en una gota de dulce miel en tu lengua. A pesar de que la muerte siempre está ahí, la vida es maravillosa. Aunque el pasado no haya sido muy bueno y quién sabe cómo será el futuro. Seguramente tampoco será muy bueno, porque, tal y como están las cosas, no tiene sentido tener esperanzas; sin embargo, este momento es fantástico. Fíjate en este momento. Déjame que me convierta en una gota de miel en tu lengua. Este momento es tremendamente hermoso. ¿Acaso le falta algo? ¿Necesita algo más?

SANO Y VIGOROSO

La expresión taoísta Hua-tzu «perdió la memoria» significa vivir en este momento presente.

Su familia estaba muy preocupada por él. Llamaron a un adivino para que vaticinara su suerte, pero no funcionó. Llamaron a un chamán para que celebrara un ritual de sanación, pero tampoco sirvió para nada. Llamaron a un médico para que lo tratara, pero no se curó.

Esto es muy bonito y muy significativo. No se trataba de una enfermedad, así que no podía curarlo un médico. Si hubiese sido una enfermedad, lo habría curado un médico, pero no tenía nada físico. Este hombre estaba completamente sano. De hecho, nunca había estado tan sano como en ese momento. Cuando te olvidas de tu pasado, también te olvidas de tus enfermedades. El pasado es un cúmulo de enfermedades.

Cuando te olvidas del pasado, ya no eres ni joven ni viejo, simplemente eres. Y ese es el momento de estar sano y vigoroso. Este hombre debía de estar muy sano, ¿qué podía hacer un médico? La familia recurrió a varios, pero no tenían ningún tratamiento porque no era una enfermedad.

Para una enfermedad puedes encontrar un tratamiento, pero

esto no era una enfermedad. La familia le pidió al adivino que le leyera su suerte, pero sin éxito, porque, cuando alguien no tiene memoria tampoco puede imaginarse su futuro, y cuando alguien no puede imaginarse su futuro es impredecible. No puedes predecir nada sobre él, está abierto a todo.

La gente por lo general es muy predecible porque proyecta algo hacia el futuro, tiene alguna idea de él, tiene una semilla. Esa semilla germinará algún día. De esto viven los adivinos, los quirománticos y las pitonisas: viven de tu imaginación. Si vas a un adivino, te leerá la mano y te dirá: «Hay muchas posibilidades de que recibas un dinero, pero no se quedará». Esto te lo podría decir cualquiera, «vas a recibir un dinero». Todo el mundo tiene esa esperanza, ¿quién puede negarte que eso pueda suceder? Las personas van a los adivinos para eso: para que les confirmen lo que piensan, para que les den su aprobación.

Recibirás un dinero, pero no te lo podrás quedar..., ¿alguien se ha podido quedar el dinero alguna vez? El dinero viene y va. En realidad, el dinero solo existe en su ir y venir. Si te lo puedes quedar, ya no es dinero. Puedes tener mil billetes en tu casa y amontonarlos bajo tierra, pero ya no será dinero. Si hubieses guardado piedras, habría sido lo mismo. El dinero existe porque va y viene.

Si alguien te da un billete de cien dólares, al cambiar de manos se convierte en dinero. Solo lo es durante un momento, cuando cambia de manos. Entonces, la otra persona aprovecha ese dinero y tú también. Cuando se lo das a otra persona, vuelve a ser dinero. Por eso se dice que circula, porque está en «circulación». Tiene que circular. Cuanto más circule, más dinero habrá.

Esto es una explicación de por qué hay más dinero en Estados Unidos que en los países más pobres, y es porque en estos no hay tanto movimiento. Todo el mundo gasta, gasta lo que tiene y lo que espera tener algún día. La gente compra coches y frigoríficos a crédito. Esperan tener ese dinero algún día, y entonces lo pagarán, pero están comprando ahora mismo. En Estados Unidos hay dinero porque se han dado cuenta de que el dinero existe cuando está en circulación. Cuanto más cambie de manos, más rico será el país.

Somos quinientas personas y, si dejamos que circule por aquí un billete de cien rupias y este va cambiando de manos, tendremos quinientos billetes de cien rupias. Cada vez que lo reciba alguien, esa persona tendrá cien rupias. Pero, si alguien se guarda el billete, todo el grupo se empobrecerá. Solo esa persona tendrá un billete de cien rupias. Si hubiese cambiado de manos y hubiese circulado, todo el mundo habría podido tener cien rupias. Por supuesto, se habría generado mucha riqueza.

Las predicciones de los astrólogos solo funcionan si la gente tiene una idea de un futuro. Esto es importante: la gente que vive atada a la mente es muy predecible. La gente que depende de la mente es predecible porque es mecánica. Puedes saber lo que van a hacer mañana, porque se repiten. No ocurre nada nuevo, solo repiten su pasado.

Alguien que está más allá de la mente no es predecible porque no repite nada. Su pasado no te ofrece pistas que te permitan predecir sus actos. Los adivinos fallaron porque no pudieron decir nada de Hua-tzu. Y llamaron a un chamán, pero tampoco pudo hacer nada. Un chamán solo puede hacer una cosa: rezar. Puede llevar a cabo algunos rituales que le ayuden. Pero cuando alguien está más allá de la mente, no necesita oraciones, las oraciones no le ayudarán. De hecho, rezar es pedirle a Dios que haga algo, obviamente, que haga algo por ti. Cuando alguien está más allá de la mente, se convierte en parte de Dios, y entonces no hay nadie que rece ni nadie a quien rezarle. ¿Queda alguien que pueda pedir algo? Solo queda Dios.

No, todos estos ritos y rituales no sirvieron para nada. De modo que nadie le pudo ayudar.

En Lu había un seguidor de Confucio que actuaba como mediador suyo, y él les aseguró que podía curarlo. La mujer de Hua-tzu y sus hijos le ofrecieron la mitad de su patrimonio a cambio de sus conocimientos.

CASTIGO Y RECOMPENSA

Los confucianos son los primeros conductistas de la historia. Pavlov y B. F. Skinner solo son discípulos suyos. Confucio dice que se puede cambiar y manipular el comportamiento del hombre mediante el castigo y la recompensa. Es la misma técnica que llevan usando los moralistas desde el comienzo de los tiempos. Si un niño te obedece, lo recompensas; si no te obedece, lo castigas. Van condicionando poco a poco su mente por medio del castigo y la recompensa.

Todas las mentes están condicionadas, lo que están haciendo ahora los maoístas en China es muy antiguo y lo aprendieron muy bien de Confucio. Hay que entender esta idea: se puede manipular a alguien mediante la tortura o la recompensa. Se puede manipular a alguien mediante la codicia o el miedo.

Esto es lo que has hecho con tus hijos y es lo que han hecho tus padres y la sociedad contigo.

¿Qué hacéis con los delincuentes en las cárceles? Torturarlos, intentar condicionar su mente. ¿Por qué el sacerdote siempre habla del cielo y el infierno, en qué consisten el cielo y el infierno? En realidad, es lo mismo que la idea de castigo y recompensa. Si obedeces a un sacerdote, tendrás tu recompensa en el cielo, y, si no lo obedeces, te castigará con el infierno. Y han pintado el infierno de tal forma que, lógicamente, a todo el mundo le da miedo y se pone a temblar. Y así te contienes y empiezas a reprimirte.

Este confuciano dijo que podía curar a Hua-tzu. Antes que nada, ese hombre no estaba enfermo, de modo que era una tontería decir que lo podía curar. Y hoy en día seguimos con la misma estupidez. En los países occidentales hay mucha gente que no está loca, pero los psicólogos los «curan». No están locos; de hecho, en cierto sentido, están en un plano superior al común de la gente. Son lo que los sufíes denominan *«mastas»*, que se han vuelto *mast* o están ebrios de Dios. Pero les ponen un tratamiento. ¿Y en qué consiste ese tratamiento? En darles electroshock, en azotarlos y torturarlos de mil formas. El tratamiento con electroshock es una tortura, es un invento moderno para torturar al ser humano.

También meten a estas personas en un psiquiátrico y las obligan a vivir una vida rutinaria. Muchos de ellos están mucho más avanzados que el ser humano corriente, han alcanzado una conciencia más elevada. Y es lógico que sean distintos a la humanidad corriente.

En apariencia, la norma es ser normal, ser una persona sana.

Recuerda que la norma es ser normal, lo que significa ser del montón, de la multitud, de las masas. Las masas no están sanas y mucho menos cuerdas; de hecho, si observamos su comportamiento, nunca ha habido un individuo que esté tan loco como las masas.

Las masas están mucho más locas, no hay ningún hinduista que esté tan loco como la sociedad hindú. No hay ningún musulmán que esté tan loco como la sociedad musulmana. Las masas musulmanas son capaces de quemar un templo y de matar hindúes, pero, si se lo preguntas de forma individual a cada persona de esa multitud, no encontrarás ni una sola persona tan loca. Siempre te dirán «no sé cómo ha podido suceder, pero sucedió». Estaba ahí y se unió a la multitud sin darse cuenta, pero sabe que «no ha estado bien». Si le preguntas individualmente a cada uno, te dirá que «no ha estado bien». Pero lo han hecho las masas. Las multitudes siempre han estado locas. Las guerras y los conflictos entre las naciones están en la mente de las masas.

La mente de las masas está enferma. Cuando una persona se desvía un poco de la sociedad, los psicólogos, los psiquiatras y los psicoanalistas intentan equilibrarla. Si Freud hubiese vivido en esa época, habría psicoanalizado a Hua-tzu. Si Skinner hubiese vivido, le habría rehabilitado. Y esto es lo que dijo el confuciano.

El confuciano les dijo:
—La enfermedad que tiene evidentemente no es una enfermedad que se pueda adivinar por medio de hexagramas ni de presagios, y tampoco se puede tratar con medicinas ni

agujas. Voy a intentar reformar su mente cambiando sus pensamientos, y hay muchas probabilidades de que se recupere.

Dijo que podría rehabilitarlo o reformarlo, que iba a rehabilitar la mente de Hua-tzu. ¿Cómo puedes rehabilitar una mente? Tienes que empezar por torturar al cuerpo. Cuando torturas al cuerpo, como es lógico, la mente que se había ido lejos tiene que volver para cuidarlo. Tú vives dentro de tu cuerpo, tu cuerpo es tu vehículo. Si le hacen daño a tu cuerpo, es normal que no puedas irte muy lejos, porque tienes que volver para protegerlo. Es una forma de rehabilitarte. Y eso es lo que hizo.

Entonces, el confuciano intentó desnudar a Hua-tzu...

Seguramente era invierno y le quitó la ropa. Como es natural, cuando Hua-tzu se puso a tiritar, su mente tuvo que volver, diciendo: «Estás tiritando, Hua-tzu. Busca tu ropa». Y se puso a buscar su ropa.

... y buscó su ropa; intentó hacerle pasar hambre, pero él buscó comida; intentó encerrarlo en un cuarto oscuro, pero él buscó la luz.

Su conciencia volaba más alto que la mente. Si torturas al cuerpo, la conciencia tiene que volver. ¿Nunca te has dado cuenta? Si te clavas una espinita en el pie, tu conciencia va directamente ahí porque es una medida de seguridad. Si no, la espina se infectará y se volverá venenosa. La conciencia va a ese punto para cuidarlo y quitar la espina, esto forma parte de tu mecanismo de supervivencia. Cuando tienes una espina, te olvidas de todo lo demás. ¿Nunca te has dado cuenta? Cuando te duele una muela, te olvidas de lo demás. Primero tienes que luchar contra el dolor. Cuando te duele la cabeza, te olvidas de todo lo demás. Aunque estén tocando una música maravillosa, tú no la oyes. Aunque estén bailando, tú no te fijas. Puedes estar rodeado de belleza, pero ¿cómo puedes apreciarla? No eres libre. Tu dolor de cabeza te obliga a meterte en el cuerpo. Esto es lo que hizo el seguidor de Confucio. Le hizo pasar hambre, lo desnudó, lo dejó a oscuras y, como es lógico, el hombre empezó a buscar la luz, a buscar cómo calentarse, a buscar su ropa, a buscar comida.

El confuciano estaba encantado y les dijo a los hijos de este hombre:

—Tiene una enfermedad curable, pero mi conocimiento es algo que me ha sido transmitido a lo largo de muchas generaciones y no puedo revelárselo a nadie. Todos los ayudantes deberán quedarse fuera para que yo pueda estar a solas con él durante siete días.

Los hijos accedieron...

Su técnica no tiene ningún misterio. Solo consiste en amenazar a alguien de muerte, en azotarlo o en saltarle encima con una lanza. Cuando alguien se ve en peligro de muerte, en ese momento, vuelve a su cuerpo. Cuando vuelve a su cuerpo, su mente empieza a funcionar otra vez porque forma parte del cuerpo. La mente es un mecanismo sutil del cuerpo.

Hua-tzu había perdido contacto con su mente, pero la mente seguía estando ahí, siempre está ahí. Incluso cuando alguien trasciende la mente, esta sigue estando ahí aletargada, dormida dentro del cuerpo. Si te arrastran de nuevo al cuerpo, la mente se despertará y empezará a funcionar.

Los hijos accedieron, y aunque nadie supo qué método

usó el confuciano, la enfermedad que había durado tantos años
desapareció completamente en una sola mañana.

Cuando Hua-tzu se despertó, se enfadó mucho.

En realidad, había estado despierto todo el tiempo y era en ese momento cuando estaba dormido. Para la mente confuciana, o para la mente común de los hombres, podría parecer que se había despertado y que antes estaba dormido. «Cuando Hua-tzu se despertó, se enfadó mucho». Naturalmente, porque lo que para nosotros es sueño, para él no lo era.

Esto es lo mismo que ocurría en el caso de Ramakrishna. Cuando estaba cantando la canción de Kali o bailando delante de Kali, a menudo se caía y se quedaba inconsciente. A nosotros podría parecernos que se había quedado inconsciente, pero él estaba sumamente consciente, aunque desde fuera parecía que estuviera en coma. Si se lo preguntas a un psicoanalista, te dirá que es histeria, que es un brote histérico.

Si le preguntas a un psiquiatra sobre el caso de Ramakrishna, te demostrará que era un neurótico. Es lo mismo que le hicieron a Jesús, y tampoco iban a dejar en paz a Ramakrishna. Dicen que Jesús era un neurótico. Para ellos, Ramakrishna debía de estar todavía más neurótico. A veces se quedaba inconsciente durante seis días. Pero te vuelvo a recordar que él se sentía sumamente consciente. De hecho, estaba tan consciente en su interior que toda su conciencia estaba implicada en ello, llevaba toda su conciencia del exterior al interior, hasta su centro. Y por eso, visto desde fuera, parecía que estaba inconsciente.

Cuando estás consciente en el exterior es porque estás inconsciente en el interior. En el fondo de tu ser estás profundamente dormido y roncando, por eso externamente parece que estás despierto. Todo se invierte. Cuando alguien como Ramakrishna va desde fuera al centro de su ser, en el exterior está dormido, y en su interior está despierto. A nosotros nos puede parecer que se ha olvidado de todo, pero, según él, lo ha recordado todo. Cuando Hua-tzu se despertó, se enfadó mucho. Es lo mismo que le ocurrió a Ramakrishna. La gente quería que volviera.

Obviamente, a sus discípulos les daba miedo que no volviera, y le daban masajes en los pies con mantequilla y alcanfor, le daban masajes por todo el cuerpo intentando hacerle volver. A veces los discípulos hacen cosas que te pueden parecer horribles y crueles. Le tapaban la nariz para que no pudiera respirar, porque cuando te ahogas y el cuerpo necesita oxígeno recobras la consciencia.

A veces quemaban cosas muy amargas a su alrededor para que el humo le entrara por la nariz y, como le molestaba tanto, empezaba a revolverse y a quejarse hasta que por fin se despertaba. ¡Y menos mal que eran sus discípulos y no se trataba de sus enemigos! A veces haces daño creyendo que estás haciendo algo bueno.

Cuando volvía en sí se echaba a llorar, y sus discípulos le preguntaban: «¿Por qué lloras?». Y él decía: «¿Qué me habéis hecho? ¿Por qué me habéis sacado de donde estaba? Yo estaba inmensamente feliz en otro mundo. Estaba en el mundo de Dios. Dios estaba presente. Estaba inmerso en la dicha. ¿Por qué me habéis vuelto a traer aquí? Quiero volver a estar allí».

Cuando Hua-tzu se despertó, se enfadó mucho. Lógico y natural. *Echó a su mujer, castigó a sus hijos y persiguió al confuciano con una lanza.*

A lo mejor era la misma lanza que había usado el confuciano para amenazarlo de muerte.

Las autoridades de Sung le arrestaron; querían saber cuál era la causa de su comportamiento.

«Ahora, de repente, me acuerdo y vuelven a aparecer entretejidas como una maraña todas las catástrofes y las ayudas, las ganancias y las pérdidas, las alegrías y las penas, y los amores y los odios de estos últimos veinte o treinta años. Y me da miedo que todas las catástrofes y ayudas, ganancias y pérdidas, alegrías y penas, y amores y odios que todavía no han ocurrido vengan a alterar mi corazón como ya lo hicieron antes. ¿No podré volver a tener un momento de olvido nunca más?».

Lo que tú llamas recordar, para alguien que ha llegado a casa es olvidar. Lo que a ti te parece olvido, para alguien que ha despertado su alma realmente es recordar. Acuérdate de esta paradoja.

Son idiomas distintos. Estás dormido, pero crees que eso es estar despierto, que eso es estar consciente. Te equivocas. Por eso, cuando alguien está de verdad consciente, a ti te parece que se ha dormido. Estás tan pendiente de tu yo que cuando alguien se olvida de sí y se vuelve realmente consciente piensas que se ha vuelto loco. Te parece que está enfermo.

Ahora se ha vuelto uno, ahora es cuando realmente está sano.

Hua-tzu dijo: «Antes, cuando me olvidaba de todo, no tenía límites. No había límites para mí, no estaba definido. Era todo, estaba completo, era uno con el universo, no había nada que me separara. Había una inmensa unidad —*unión mística*—, todo era uno. Y era maravilloso, era una bendición.

»Ahora, de repente, me acuerdo y vuelven a aparecer entretejidas como una maraña todas las catástrofes y las ayudas, las

*ganancias y las pérdidas, las alegrías y las penas, y los amores
y los odios, de estos últimos veinte o treinta años».*
Ahora he vuelto a la locura. Ahora todo el pasado ha vuelto a
abrir sus puertas. Esto es una pesadilla.

Ha saboreado unos momentos de olvido o de recordarse a sí
mismo, y ahora puede compararlo con el otro estado mental,
por eso está tan enfadado. Tú no puedes compararlo porque no
has experimentado nada que esté más allá del pasado, más allá de
la memoria, de la mente. Nunca has probado ni una sola gota
de no-mente. Por eso no puedes compararlo.

Si sigues meditando, un día te ocurrirá. De repente, llegará
un día en que te darás cuenta de que has despegado de la mente.
El aeropuerto se ha quedado atrás y estás surcando los cielos.
Entonces, por primera vez, dirás: «Qué bella es la vida. Qué bella
es la existencia». Te sentirás inmensamente agradecido. Y cuando tengas que volver a la mente te parecerá que es volver a un
manicomio. La memoria es un manicomio.

Todo vuelve a aparecer: *«... entretejidas como una maraña.
... Y me da miedo que todas las catástrofes y ayudas, ganancias
y pérdidas, alegrías y penas, y amores y odios que todavía no
han ocurrido vengan a alterar mi corazón como ya lo hicieron
antes».*

Esto es el pasado, y ahora llega el futuro, y estará cada vez
más cargado porque el pasado cada día es más grande.

«¿No podré volver a tener un momento de olvido nunca más?».
En ese olvidarte, vuelves a casa. En ese olvidarte, recuerdas.
En ese olvidarte, eres consciente por primera vez. En ese olvidarte, estás en el presente, estás aquí y ahora. Entras en la eternidad. Ese olvido es la puerta de entrada a la eternidad.

Olvidar significa no recordar el mundo, olvidar significa no recordar lo que no es esencial. Olvidar significa no recordar el polvo y recordar el espejo, recordar la conciencia.

Gurdjieff solía decirles a sus discípulos que estaban sonámbulos, porque se movían, andaban y hablaban como si estuvieran dormidos. Lo primero que hay que hacer, y no tiene nada que ver con la moralidad, es despertarte para que estés atento. P. D. Ouspensky fue el gran discípulo de Gurdjieff. P. D. Ouspensky dedicó *En busca de lo milagroso* a su maestro con estas palabras: «A Gurdjieff, mi maestro, que me despertó de mi sueño para siempre». En efecto, un maestro está ahí para que despiertes de tu sueño.

Tu sueño no es otra cosa que la mente, la mente es otra forma de decir «sueño». Esta es la diferencia que hay entre el pensamiento de Confucio y el de Lao Tzu. Confucio era un moralista corriente, un puritano que creía que había que condicionar y disciplinar a la gente. Lao Tzu era un rebelde que consideraba que había que llevar a las personas más allá de sus condicionamientos, había que ayudarlas a deshacerse de ellos.

La divinidad solo es posible si hay libertad, la verdad solo es posible si hay libertad absoluta. Busca la libertad absoluta. Destruye todos tus condicionamientos. Ve destruyendo, poco a poco, todas esas capas de condicionamientos que te están conteniendo.

Despega. Tienes todo el cielo a tu disposición; de hecho, ni siquiera el cielo es un límite.

Hemos terminado por hoy.

5

Lanzar la primera piedra

S i eres capaz de amar y perdonar, no necesitas nada más.
Si no puedes perdonar, no podrás amar, y si no puedes
amar, no podrás perdonar.

Solo un gran amor sabe perdonar, solo un gran perdón sabe
amar; de lo contrario, todo el mundo tiene limitaciones. Si no
puedes perdonar, no serás capaz de
amar. Todo el mundo comete errores, es humano. Errar es humano y
perdonar es divino. Y cuanto más perdones, más irás hacia lo divino, hasta
que empieces a trascender la humanidad. Y cuanto más alto llegues,
más amor tendrás.

> Si no puedes
> perdonar, no
> podrás amar, y si
> no puedes amar, no
> podrás perdonar.

Recuerda estas dos cosas.

Ama incondicionalmente y perdona incondicionalmente, de
ese modo no acumularás karma, no acumularás pasado. No acumularás ataduras y nada te bloqueará la vista.

Cuando nada te bloquea la vista, ves a Dios en todas partes. Si
puedes perdonar y amar, lo encontrarás en todas partes, estés
donde estés. No solo está en los santos, también está en los

pecadores, pero no lo puedes ver en un pecador porque no puedes perdonarlo, no lo puedes ver en una persona horrible porque no eres capaz de perdonarla.

Cuando empiezas a perdonar, desaparece la diferencia entre pecador y santo, desaparece la diferencia entre bueno y malo. Deja de haber diferencias y empiezas a ver la totalidad, empiezas a darte cuenta de que las diferencias no existen. No hay un hombre, no hay una mujer, no hay un negro, no hay un blanco, no hay un indio, no hay un americano. Todo es pura energía, y esa energía pura es Dios.

DEJA QUE EL PASADO SEA PASADO

Jesús fue al Monte de los Olivos.

Por la mañana temprano regresó al templo, toda la gente se acercó a él y Jesús se puso a predicar.

Los escribas y fariseos le llevaron a una mujer que había sido sorprendida en adulterio, y después de colocarla en el centro le dijeron:

—Maestro, esta mujer ha sido sorprendida en flagrante adulterio. La ley de Moisés nos manda apedrearla. ¿Qué dices tú?

Le dijeron esto para tentarlo y tener una excusa para acusarlo, pero Jesús se agachó y se puso a escribir con un dedo en la arena, como si no hubiese oído nada.

Cuando le volvieron a preguntar, él se levantó y les dijo:

—Aquel de vosotros que esté libre de pecado que lance la primera piedra.

Y se agachó de nuevo y se puso a escribir en el suelo.

Y los que le oyeron sintieron que su propia conciencia los acusaba y se fueron yendo de uno en uno, empezando por los más ancianos hasta llegar al último. Y Jesús se quedó solo con la mujer que estaba de pie en el centro.

Cuando Jesús se levantó y solo vio a la mujer, le preguntó:

—Mujer, ¿dónde están todos los que te acusaban? ¿No te ha castigado ningún hombre?

—Ninguno, Señor —dijo ella.

—Yo tampoco te castigo —dijo Jesús—. Vete y no vuelvas a pecar.

        La Biblia, Evangelio de Juan, capítulo 8

La religión siempre acaba degenerando y se convierte en moralidad. La moralidad es una religión muerta, y la religiosidad es la moralidad viva. Nunca coinciden, no pueden coincidir porque la vida y la muerte nunca se encuentran. La luz y la oscuridad nunca se encuentran. El problema es que son muy parecidas, igual que un cadáver se parece mucho a una persona viva. Es igual que la persona cuando estaba viva, tiene la misma cara, los mismos ojos, la misma nariz, el mismo pelo, el mismo cuerpo, pero le falta una cosa, y lo que le falta es invisible. Le falta la vida, pero la vida no es tangible, no es visible. Cuando una persona está muerta, parece que sigue viva. Y el problema de la moralidad es que cada vez se vuelve más compleja.

La moralidad se parece a la religión, pero no es lo mismo. Es un cadáver, huele a muerte.

La verdadera religión es juventud, es lozanía, tiene el frescor de las flores y el rocío de la mañana. La religión viva —lo que yo

>
> La moralidad se parece a la religión, pero no es lo mismo. Es un cadáver, huele a muerte.

llamo religiosidad— es esplendor: el esplendor de las estrellas, de la vida, de la existencia misma. Cuando hay religiosidad no hay moralidad en absoluto; sin embargo, es una persona moral, aunque no tenga una idea de lo que es la «moralidad». Es natural, es algo que siempre llevas contigo, como tu sombra. No tienes que volverte hacia atrás para asegurarte de que tu sombra te sigue. Siempre te sigue, y, de la misma manera, la moralidad sigue a una persona religiosa. No tienes que pararte a considerarlo, no tienes que pensar deliberadamente en ella; es tu aroma natural.

Cuando la religión está muerta y desaparece la vida, empiezas a pensar constantemente en la moralidad. La conciencia ha desaparecido y el sentido moral se convierte en el único refugio.

LA CONCIENCIA ES TUYA, EL SENTIDO MORAL ES UN PRÉSTAMO

El sentido moral es un fenómeno falso. La conciencia es tuya, el sentido moral es prestado. El sentido moral forma parte de la sociedad, de la mente colectiva; no surge dentro de tu propio ser. Cuando eres consciente, actúas de forma correcta porque es un acto consciente, y un acto consciente nunca puede estar mal. Cuando tus ojos están abiertos de par en par y hay luz, no intentas salir por la pared, sales por la puerta. Cuando no hay luz y tus ojos no funcionan bien, vas a tientas por la oscuridad. Tienes que pensar mil veces dónde está la puerta: «¿Está a la izquierda o a la derecha? ¿Estoy yendo en la dirección correcta?». Te tropiezas con los muebles e intentas salir por la pared.

Una persona religiosa es alguien que tiene ojos para ver, que tiene conciencia. Siendo consciente, tus actos son buenos de forma natural. Lo voy a repetir: son buenos de forma natural. No es que tú los vuelvas buenos, la bondad manipulada no es bondad en absoluto: es falsa, es mentira, es hipócrita. Cuando la bondad es natural y espontánea, igual que los árboles son verdes o el cielo es azul, esa persona religiosa es moral sin ser consciente de su moralidad, es consciente de sí misma, pero no de su moralidad. Esa persona no sabe que es moral, que es buena, que está haciendo lo correcto.

La inocencia es una consecuencia de la conciencia, actuar correctamente es una consecuencia de la conciencia, pero surge de forma espontánea. No tienes que hacer nada ni que cultivar ni aprender nada. En este caso, la moralidad tiene una belleza, pero ya no es «moralidad», es simplemente un acto moral. De hecho, es simplemente una forma religiosa de vivir.

Cuando la religión desaparece, tienes que descubrirlo. Tienes que pensar constantemente si está bien o está mal. ¿Cómo puedes saber si está bien o está mal? No tienes ojos para ver, no tienes corazón para sentir, estás muerto y apagado. No tienes inteligencia para analizar las cosas y dependes de la mente colectiva que te rodea.

La religiosidad siempre tiene el mismo aroma —no importa que seas cristiano, hindú o musulmán, eso no cambia nada—; una persona religiosa simplemente es religiosa, sin ser hindú, ni

musulmana, ni cristiana. Pero una persona moral no es solamente moral, o bien es hindú, o bien es cristiana, o musulmana
o budista, porque ha tenido que aprender la moralidad fuera. Si
naces en un país budista, en una sociedad budista, aprenderás la
moralidad budista. Si naces dentro del mundo cristiano, aprenderás la moralidad cristiana. Es algo que aprendes de los demás, y
es así porque no tienes tu propia percepción de las cosas.

La moralidad es algo prestado, es social, pertenece a las multitudes, proviene de las masas. ¿Y de dónde la reciben las masas? De
la tradición. Han oído decir lo que está bien y lo que está mal, y
llevan siglos arrastrándolo. Se ha ido transmitiendo de generación en generación. A nadie le preocupa que solo sea un cadáver,
a nadie le preocupa si le late el corazón. Lo siguen transmitiendo
de una generación a otra. Está apagado, muerto, es pesado. Mata
la alegría, mata la celebración, mata la risa. Vuelve a la gente horrible, vuelve a la gente pesada, monótona, aburrida. Pero tiene
una larga tradición.

Otra cosa más que debemos recordar es que la religiosidad
siempre nace de nuevo. La religión volvió a nacer con Jesús. No
era la misma religión que había con Moisés. No provenía de Moisés, no hay una continuidad con el pasado. Es discontinua con
el pasado, surge de nuevo cada vez.

Es como una rosa que florece en un rosal y no tiene nada que
ver con las rosas que han salido antes, es discontinua. Viene por
su propia cuenta, no tiene pasado, no tiene historia, no tiene
biografía. Está ahí en este momento, tan fuerte y viva y, al mismo tiempo, tan frágil. Bajo el sol de la mañana era tan joven…;
sin embargo, al atardecer se habrá ido y los pétalos empezarán a
caer al suelo, que es de donde han llegado. No dejará huellas tras

de sí, y si vuelves al día siguiente ya no está. No deja ninguna señal, simplemente desaparece. Sale de la nada y vuelve a la nada, que es su fuente original.

La religiosidad es justo así. Cuando le ocurre a un Buda, es fresca y joven como una rosa, y luego desaparece sin dejar huella. Buda dijo: «La religión es como un pájaro que vuela por el cielo sin dejar huellas». Cuando le ocurre a Moisés vuelve a ser joven y fresca otra vez. Y con Jesús vuelve a ser joven y fresca. Cuando te ocurra a ti no habrá continuidad ni provendrá de nadie; nacerá en ti, brotará dentro de ti. Es un florecimiento de tu ser y luego se va.

No se la puedes dar a nadie porque no es transferible. No puedes entregarla, no te la pueden prestar, no es una cosa. De hecho, si alguien quiere aprenderlo, puede hacerlo. Si alguien quiere absorberlo, puede hacerlo. Cuando un discípulo aprende y absorbe las vibraciones del maestro estando junto a él, entonces al discípulo también le ocurre algo en su interior. El discípulo puede recibir del exterior el reto, la incitación o la llamada, pero lo que surge es algo que surge en su interior, dentro de él. No del exterior.

Es como si no supieras que puedes cantar porque nunca lo has intentado ni se te ha ocurrido esa posibilidad. Un día ves a un cantante y, de repente, su canción empieza a vibrar dentro de ti. En un momento de despertar te das cuenta de que tú también tienes garganta y corazón. Y por primera vez ves que hay una canción en tu interior, y la dejas salir. Esa canción surge de lo más profundo de tu ser, emerge de tu interior. Aunque la llamada o la provocación vengan de fuera, la canción no.

De manera que el maestro es un agente catalítico. Su presencia provoca algo dentro de ti, pero su presencia no actúa como una causa. Carl Gustav Jung tenía razón cuando introdujo un concepto en el mundo occidental que ya existía en Oriente desde hacía muchos siglos: el concepto de sincronicidad. Hay cosas que ocurren porque hay una relación de causa y efecto, y otras cosas que no ocurren por eso, sino por sincronicidad. Hay que entender esta idea porque ayuda a entender la diferencia entre moralidad y religiosidad.

La moralidad es una relación de causa-efecto. Tu padre o tu madre te han enseñado algo, ellos son la causa y el efecto se produce en ti. Y tú se lo enseñarás a tus hijos, convirtiéndote en la causa, y el efecto se producirá en ellos. Pero cuando oyes a un cantante y de pronto te pones a tararear esa canción, no es una relación de causa-efecto. Tú no eres el efecto. Tú mismo has provocado el efecto, eres la causa y el efecto al mismo tiempo. La función del cantante solo ha consistido en recordártelo, el cantante solo ha sido el agente catalítico.

Yo no puedo transmitirte lo que me ha ocurrido a mí. No es porque no quiera hacerlo, es que no se puede transmitir, su naturaleza es tal que no se puede transmitir, pero te lo puedo presentar y puedo ponerlo a tu disposición. Cuando ves que es posible y que le ha ocurrido a otra persona, piensas: «¿Y por qué a mí no?». De repente, hay algo que hace clic dentro de ti. Te das cuenta de que existe esa posibilidad, de que hay una puerta en tu interior que nunca habías visto porque te habías olvidado de ella. Algo empieza a brotar en tu interior. Yo actúo como un agente catalítico, no como una causa.

LA RELIGIOSIDAD ES SINCRONICIDAD, LA MORALIDAD ES CAUSAL

El concepto de sincronicidad simplemente indica que una cosa puede iniciar algo en otro sitio sin ser la causa. Si alguien empieza a tocar un sitar en una habitación en la que hay otro sitar en una esquina, y el que lo toca es de verdad un maestro, un virtuoso, el sitar que está en la esquina empieza a sonar gracias al que ya están tocando, a la vibración, al entorno. Ese sitar está en una esquina y nadie lo está tocando, pero sus cuerdas se ponen a vibrar, susurran. Surge algo que estaba oculto, se manifiesta algo que no era palpable. La religiosidad es sincronicidad, y la moralidad es causal. La moralidad viene de fuera y la religiosidad surge en tu interior.

Cuando desaparece la religiosidad, solo queda la moralidad, y esta es muy peligrosa. En primer lugar, tú mismo no sabes lo que está bien, pero empiezas a fingir, y así es como nace el hipócrita. Empiezas a fingir y a querer demostrar que todo lo que haces está bien. No sabes lo que es el bien y, como no lo sabes, por supuesto, tienes que fingirlo. Sigues haciendo lo mismo que hacías antes, pero ahora lo haces por detrás. De cara al público tienes una vida y por detrás tienes otra. De cara al público sonríes, pero por detrás lloras. Por delante pretendes ser un santo y por detrás eres tan pecador como cualquier persona. Tu vida está dividida.

Esto está provocando una esquizofrenia en la conciencia de toda la humanidad. Te has convertido en dos o en muchos. Obviamente, cuando eres dos, hay un conflicto constante. Obviamente, cuando eres muchos, hay una multitud que hace mucho ruido y nunca puedes estar en silencio. No puedes descansar en silencio porque el silencio solo es posible cuando eres uno, cuando no hay nadie más en tu interior, cuando eres una sola pieza que no está fragmentada.

La moralidad provoca esquizofrenia, una personalidad disociada, divisiones. Una persona moral no es un individuo, porque está dividida. Solo una persona religiosa es un individuo. Una persona moral tiene personalidad, pero no tiene individualidad. «Personalidad» significa «personaje», «máscara». Una persona moral no tiene una sola personalidad, sino muchas; necesita una personalidad diferente para cada situación. A unas personas les muestra una cara y a otras personas otra.

Vamos cambiando de cara. Si te fijas, verás que estás cambiando de cara constantemente. Cuando estás solo tienes una cara. En el baño tienes otra cara, en la oficina tienes otra cara. ¿Te has dado cuenta de que te vuelves más infantil cuando estás en el baño? A veces sacas la lengua delante del espejo o pones caras, tarareas algo o cantas una canción, e incluso te pones a bailar.

Pero si te das cuenta de que tu hijo te está mirando por el hueco de la cerradura mientras bailas o sacas la lengua delante del espejo ¡cambias enseguida! Vuelves a poner la cara de siempre, la personalidad del «padre». Delante de tu hijo no puedes hacerlo, ¿qué pensará…, pensará que eres como él? ¿Y qué ocurre con toda la seriedad que pretendes mostrarle siempre a tu hijo? Cambias enseguida de cara y te pones serio. La canción desaparece, el baile desaparece, la lengua desaparece. Y vuelves a la personalidad que tienes de cara al público.

La moralidad provoca un conflicto en ti porque crea muchos

rostros. El problema es que, cuando tienes tantos rostros, te olvidas de cuál es el original. Con tantos, ¿cómo te vas a acordar de cuál era el original? Los maestros zen dicen que lo primero que tiene que hacer un buscador para empezar la búsqueda es encontrar su rostro original. Solo puede evolucionar el rostro original, pero la máscara no. Un rostro falso no puede evolucionar. Solo puede evolucionar el rostro original, porque es el único que tiene vida. Lo primero que tienes que saber es: «¿Cuál es mi rostro original?». Y es difícil, porque tienes una larga lista de rostros falsos y te pierdes entre ellos. A veces piensas «Este es mi rostro original», pero, si lo analizas a fondo, te das cuenta de que también es un rostro falso, y posiblemente sea más antiguo que los otros, por eso crees que es el original.

Le atribuyen a Buda esta declaración: «Si me saboreas, verás que tengo el mismo sabor en cualquier punto en que me saborees, soy como el mar. Si saboreas el mar en cualquier lugar, en una orilla o en otra, el sabor siempre será salado en cualquier punto». Buda dijo: «Así es mi sabor. Si me saboreas cuando estoy durmiendo o me saboreas cuando estoy despierto, si me saboreas cuando alguien me insulta o cuando alguien me alaba, verás que siempre tengo el mismo sabor, es el sabor de un buda».

Una persona religiosa es individual.

Es un fenómeno muy muy complejo. Una persona religiosa es una persona completamente distinta. Es capaz de perdonar, de entender. Es capaz de ver las limitaciones de los seres humanos y sus problemas. No puede ser tan duro ni tan cruel, es imposible. Su compasión es infinita.

SÉ MORAL, PERO NO SEAS UN MORALISTA

Antes de adentrarnos en estos sutras de Jesús, nos conviene entender ciertas cosas. En primer lugar, el concepto de pecado, el concepto de un acto inmoral. ¿Qué es inmoral? ¿Cómo podríamos definir la inmoralidad? ¿Cuál sería el criterio? Ser inmoral significa una cosa en India y otra diferente en China. Lo que es inmoral en India puede ser moral en Irán, y lo que es moral en Rusia puede ser inmoral en India. Hay miles de moralidades, ¿cómo podemos tomar una decisión? Desde que el mundo se ha convertido en una aldea global, hay mucha confusión. ¿Qué es lo que está bien?

¿Está bien comer carne? ¿Es moral o es inmoral? Para un vegetariano es inmoral. Muchos jainistas me han dicho: «¿Cómo puede ser que Jesús comiera carne? ¿Cómo podía haber alcanzado la iluminación? Comía carne». Para un jainista es imposible concebir que Jesús hubiera alcanzado la iluminación si comía carne. Los jainistas me han preguntado: «¿Cómo podía haber alcanzado la iluminación Ramakrishna? Comía pescado. Es imposible». Para ellos hay una norma muy definida: el vegetarianismo.

Hay miles de moralidades. No es fácil decidirse por una de ellas, te resultará imposible. Te volverás loco porque no podrás comer nada. No podrás dormir ni podrás hacer nada. Hay una secta jainista que tiene miedo de respirar. Es inmoral respirar porque, cada vez que inspiras, estás matando muchas células vivas que están en el aire del entorno. ¡Y tienen razón! Por eso los médicos usan mascarillas, para no inhalar cosas que hay en el entorno y no infectarse. Esta secta jainista tiene miedo de respirar, y respirar se convierte en algo inmoral. Caminar se puede convertir en algo inmoral: algunos jainistas no caminan de noche por miedo a matar algún bicho en la oscuridad, hormigas o cosas parecidas. Mahavira nunca iba a ningún sitio de noche ni se movía en la estación de lluvias porque en esa época hay muchos más insectos. Moverse se vuelve difícil, respirar se complica.

Si te pones a analizar todas las moralidades, te volverás loco o tendrás que suicidarte. ¡Pero el suicidio es inmoral! Si les haces caso a todas las moralidades que hay, lo normal es que te suicides. Y es lo menos inmoral que puedes hacer. En un solo acto has terminado, y dejará de haber inmoralidad..., pero ese acto también es inmoral. Porque date cuenta de que, cuando te suicidas, no solo mueres tú. No estás matando únicamente a una persona. Hay millones de células vivas en tu cuerpo, millones de vidas que perecerán contigo. Habrás matado a millones de personas. ¿Ayunar es moral o inmoral? Hay gente que dice que es lo uno y hay gente que dice que es lo otro. ¿Por qué? Porque cuando ayunas estás matando muchas células de tu cuerpo que mueren de inanición. Al ayunar pierdes un kilo cada día y matas muchas cosas que hay en tu interior. Cada día desaparece un kilo de peso, y al cabo de un mes serás un esqueleto. Todas esas personas que vivían en tu interior —que eran personitas— han muerto. Y tú las has matado a todas.

Otras personas dicen que ayunar es lo mismo que comer carne. Aunque te parezca extraño, es verdad y tiene cierto sentido. Cuando desaparece un kilo de peso, ¿adónde va? ¡Te lo has comido! Tu cuerpo necesita ese tipo de alimento todos los días y lo sustituyes con lo que provees del exterior, pero, si no introduces nada del exterior, el cuerpo tendrá que seguir alimentándose, porque necesita hacerlo cada veinticuatro horas para vivir.

Como necesita un combustible, empieza a comerse su propia carne. Ayunar es ser un caníbal.

Todas estas moralidades pueden volverte loco. No hay forma de elegir una. ¿En qué consiste ser moral para mí? Para mí ser moral es ser consciente. No importa lo que estés haciendo siempre que lo hagas siendo plenamente consciente —es irrelevante lo que hagas, con independencia de lo que sea—; todo lo que hagas, si lo haces con conciencia plena, es moral. Si lo haces sin darte cuenta, de forma inconsciente, es inmoral. Para mí «moralidad» significa «conciencia».

Si cada vez eres más consciente, cada vez serás más moral y no te convertirás en un moralista.

El francés tiene una misma palabra para decir «conciencia» y «consciencia». Me parece muy bonito: la consciencia es conciencia. Normalmente, la consciencia es una cosa y la conciencia es otra. La consciencia es tuya y la conciencia te la dan los demás, es un condicionamiento.

Vive conscientemente. Si cada vez eres más consciente, cada vez serás más moral y no te convertirás en un moralista. Serás moral, pero no serás un moralista. El moralismo es un fenómeno horrible.

EL MONTE DE LOS OLIVOS ESTÁ EN TU INTERIOR

Estos son los sutras:

Jesús fue al Monte de los Olivos.

Cuando Jesús notaba que su conciencia se empezaba a llenar

de polvo, se iba a la montaña para estar solo y limpiar su ser, para limpiar su conciencia. Es como darte un baño, porque luego sientes que tu cuerpo está limpio y fresco. La meditación es un baño interior.

Estar en soledad unos minutos al día es necesario; de lo contrario, se empieza a acumular polvo y tu espejo deja de reflejar, no refleja bien. Empieza a distorsionar las cosas. ¿Te has dado cuenta? Si te entra una sola mota de polvo en un ojo, se te distorsiona la vista. Lo mismo ocurre con la visión interna, con el ojo interno. Ahí se acumula mucho polvo, y ese polvo proviene de las relaciones. Del mismo modo que te llenas de polvo cuando transitas un camino polvoriento, cuando te juntas con personas polvorientas te llenas de polvo. Van esparciendo su polvo, sus malas vibraciones.

Y no pueden evitarlo, no pueden hacer nada. No estoy diciendo que tengas que recriminárselo. ¿Qué pueden hacer? Cuando vas a un hospital, todo el mundo está enfermo y esparce su enfermedad por todas partes, pero no pueden evitarlo. Cuando exhalan, esparcen la infección. ¿Nunca te has percatado de que cuando vas a un hospital a ver a alguien, al cabo de una hora te empiezas a encontrar mal? Y estabas perfectamente antes de entrar. Es por las caras de las enfermeras y los médicos, por los instrumentos médicos y ese olor tan característico de los hospitales, por toda la gente que está enferma y la vibración de enfermedad y de muerte que hay ahí. Siempre se muere alguien. Si te quedas una hora empiezas a encontrarte mal, a sentir náuseas. Y al salir del hospital notas un gran alivio.

Es lo mismo que ocurre en todo el planeta. Todo el mundo está lleno de rabia, de violencia, de agresión, de envidia, de posesividad; todo el mundo es falso, artificial, y todo el mundo es hipócrita..., el mundo es así. Tú no lo notas, pero, cuando se mezcla con vosotros, Jesús sí lo nota, porque él viene de las alturas. Viene de la montaña. Si vas al Himalaya y después de vivir en el frescor del Himalaya bajas de nuevo al llano, notarás que la vibración es sucia, fea, pesada. Ahora cuentas con elementos para comparar. Has conocido las frescas aguas del Himalaya, los manantiales que fluyen eternamente, el agua cristalina, ¡y vuelves al agua del grifo! Ahora puedes comparar. Solo un meditador sabe que el mundo está enfermo, solo un meditador se da cuenta de que todo está mal. Cuando un meditador se mueve entre vosotros, por supuesto, se percata mucho más que tú del polvo que se va acumulando, porque tú has perdido la sensibilidad. Te has olvidado de que eres un espejo. Crees que eres una aspiradora. Solo un meditador sabe que es un espejo.

De modo que Jesús vuelve a la montaña una y otra vez.

Jesús fue al Monte de los Olivos.

Por la mañana temprano regresó al templo, toda la gente se le acercó a él y se puso a predicar.

Solo si has estado en la montaña —y esto no quiere decir que vayas físicamente a ella, no se trata de un fenómeno externo, porque el Monte de los Olivos está en tu interior—, si puedes estar solo, si puedes olvidarte del mundo unos segundos, recobrarás tu naturalidad y entonces podrás ir al templo, porque el templo eres tú, y tu presencia en el templo será una auténtica presencia, entre el templo y tú habrá armonía.

Recuerda que no hay un templo hasta que no lleves tu templo al templo. Si vas al templo, pero no llevas tu templo contigo, solo será una casa. Cuando Jesús iba a una casa, la convertía en

LANZAR LA PRIMERA PIEDRA

un templo. Si tú vas a un templo, lo conviertes en una casa, porque el templo está en nuestro interior. Adondequiera que vaya Jesús, se convierte en un templo. Su presencia le confiere esa cualidad sagrada. Solo puedes enseñar cuando traes contigo el templo y la frescura de las montañas, la virginidad de las montañas. Solo puedes enseñar cuando tienes todo eso.

Los escribas y fariseos le llevaron a una mujer que había sido sorprendida en adulterio y, después de colocarla en el centro, le dijeron:

—Maestro, esta mujer ha sido sorprendida en flagrante adulterio. La ley de Moisés nos manda apedrearla. ¿Qué dices tú?

Esta es una de las parábolas más importantes de la vida de Jesús. Hay que adentrarse en ella poco a poco, con cuidado, lentamente.

Y los escribas y fariseos..., hoy en día esto significaría «los moralistas y los puritanos». En aquellos tiempos, los moralistas —que eran los representantes de la Iglesia y los eruditos— recibían ese nombre: eran los escribas y fariseos. Los fariseos eran personas muy respetables. En la superficie eran morales, eran pretenciosos, tenían grandes egos. «Somos morales y el resto del mundo es inmoral», y siempre estaban buscando errores y faltas en los demás. Toda su vida consistía en acentuar sus cualidades, rebajando a cero las de los demás. Los puritanos y moralistas *le llevaron a una mujer que había sido sorprendida en adulterio.*

Cuando vas a ver a alguien como Jesús, tienes que ir con humildad. Vas para aprender algo, vas para sacar algo, porque tienes ante ti una rara oportunidad. Pero llegan estos estúpidos y le llevan a una mujer. Van con su mente ordinaria, con su mente mediocre, con sus tonterías.

Los escribas y fariseos le llevaron a una mujer que había sido sorprendida en adulterio.

No han aprendido ni la lección más básica que debes saber cuando vas a ver a alguien como Jesús o como Buda, que es ir ahí para impregnarte, para participar de su conciencia, de la intimidad de estar con él. No vas a verlo con los problemas de tu vida cotidiana, que son irrelevantes. Así estarás perdiendo una gran oportunidad. Y estás haciéndole perder el tiempo a Jesús, que no tenía demasiado tiempo y solo pudo predicar durante tres años. ¡Y estos idiotas le estaban haciendo perder el tiempo con tonterías! Pero, en realidad, era una estrategia, le estaban tendiendo una trampa. En verdad esa mujer no les importaba nada. Lo que querían era tenderle una trampa a Jesús. Fue un acto muy calculado.

Los escribas y fariseos le llevaron a una mujer que había sido sorprendida en adulterio y, después de colocarla en el centro, le dijeron:

—*Maestro, esta mujer ha sido sorprendida en flagrante adulterio.*

¿Qué es el adulterio? Una mente consciente te dirá que, si no amas a un hombre —aunque ese hombre sea tu marido—, si no lo amas, pero duermes con él, eso es adulterio. Si no amas a una mujer —aunque sea tu propia mujer—, si no la amas y te acuestas con ella, te estás aprovechando de ella, la estás engañando. Esto es el adulterio. Pero no es la definición de los fariseos y los puritanos, de los escribas y las autoridades religiosas. Su definición es legal y no surge la conciencia del amor. Su definición surge de un tribunal. Si esa mujer no es tu esposa y te descubren durmiendo con ella, eso es adulterio. Solo es una cuestión legal, técnica. Solo tienen en cuenta la ley, no el corazón. Aunque estés profundamente enamorado de esa mujer o de ese hombre, eso no se tiene en cuenta. La mente inconsciente no tiene en cuenta las cuestiones más importantes, solo lo más básico. Siempre se trata de un problema legal: ¿es tu mujer, es tu esposa? Si no es tu esposa y no te has casado legalmente con ella..., aunque estés muy enamorado y la respetes profundamente..., aunque tengas devoción por ella, es pecado porque es adulterio.

Estas personas llevaron a esa mujer ante Jesús y le dijeron: «Maestro, esta mujer ha sido sorprendida en flagrante adulterio».

Justo el otro día estaba leyendo las memorias de un misionero católico inglés que había ido a Japón a principios del siglo XX. Le llevaron a conocer Tokio. Su anfitrión quería enseñarle la ciudad. Fueron a un baño público donde los hombres y las mujeres se bañaban desnudos. El misionero estaba escandalizado.

Estuvo observándolos durante cinco minutos y luego le dijo a su anfitrión: «¿No te parece inmoral que hombres y mujeres se bañen desnudos en un sitio público?».

El anfitrión dijo: «Señor, en nuestro país eso no es inmoral. Lo que sí es inmoral para nosotros es quedarnos mirándolos. Me siento muy culpable de estar aquí contigo, porque, si se quieren bañar desnudos, es asunto de ellos. Tienen la libertad de hacerlo. Pero ¿por qué te has quedado mirándolos? Eso no está bien, es inmoral». El misionero tiene un punto de vista muy ordinario, pero el punto de vista del anfitrión es extraordinario. La gente decía: «Maestro, esta mujer ha sido sorprendida en flagrante adulterio».

¿Y vosotros por qué estabais ahí? ¿Sois unos mirones? ¿Qué clase de personas sois? ¿Qué hacíais ahí? ¿Por qué os importa tanto lo que haga esa mujer? Es su vida y puede hacer con ella lo que quiera, es su problema, ¿quiénes sois vosotros para interferir?

Pero el puritano y el moralista siempre están metiéndose en la vida de los demás. No son democráticos, son muy dictatoriales. Quieren controlar a la gente, quieren censurarla. ¿Qué hacían ahí esas personas? Y le dijeron: «Maestro, esta mujer ha sido sorprendida en flagrante adulterio». Habían descubierto a esa mujer haciendo el amor.

«LOS HOMBRES SON HOMBRES»

Y hay otro detalle: el hombre ¿dónde estaba? ¿O estaba cometiendo adulterio sola? A nadie se le ha ocurrido hacerse esta pregunta en relación con esta parábola. He leído muchos libros cristianos y nadie se pregunta dónde estaba el hombre. Es una sociedad patriarcal. La mujer siempre tiene la culpa, el hombre no. El hombre siempre se libra. Aunque sea un fariseo o un hombre respetable, pero es a la mujer a quien hay que condenar.

¿No te has percatado de esto? Siempre condenan a las prostitutas, y ¿dónde están sus clientes? ¿Dónde está toda esa gente? A lo mejor son ellos mismos los que condenan a las prostitutas.

Su única diversión consiste en destruir la diversión de los demás, en destruir la celebración de los demás. ¿Y qué hacía esa gente ahí? ¿No tenían algo mejor que hacer? ¿No tenían sus propias mujeres a las que amar? ¿Qué clase de personas eran?

Debían de ser un poco pervertidas para ir a buscar a alguien que estaba cometiendo adulterio.

¿Y el hombre dónde está?

Siempre castigan a la mujer por ser mujer y porque el hombre es el que manda y los códigos jurídicos los han creado los hombres. Son perjudiciales, son tendenciosos. Todos los tribunales dicen qué hay que hacer con una mujer cuando la descubren cometiendo adulterio, pero nunca dicen nada de lo que hay que hacer con el hombre. No, lo único que dicen es que «los hombres son hombres y siempre serán hombres». El problema siempre es la mujer. Si un hombre viola a una mujer, condenan a la mujer; ella es la que pierde todo el respeto, no el violador. Es una situación penosa. Esto no se puede llamar religioso, es muy político, y básicamente consiste en estar a favor de los hombres y en contra de las mujeres.

La supuesta moralidad siempre ha sido así. En India, cuando moría el marido, la mujer tenía que morir con él en la pira funeraria, y solo así se la consideraba virtuosa. Debía convertirse en una *sati*, estaba obligada a morir con su marido. Si no lo hacía, no era virtuosa. Eso se interpretaba como que deseaba vivir sin su marido o, peor aún, ¡que quería que su marido muriera! Quería ser libre para poder enamorarse de otra persona. En India existe la creencia de que la mujer no tiene vida cuando fallece el marido. Toda su vida ha consistido en ser la esposa de su marido, y cuando el marido se va ella también se tiene que ir.

Sin embargo, cuando muere una mujer, no dicen nada del hombre, no hay ninguna norma que establezca que él tenga que morir con su mujer. No, en ese caso no pasa nada. En cuanto fallece la mujer, y en India es algo que ocurre a diario, en el camino de vuelta a casa el hombre ya está pensando en un nuevo matrimonio: ¿dónde y cómo podrá encontrar una nueva mujer? No pierde ni un solo día. La moralidad es diferente para ambos. Esta moralidad es inconsciente y es inmoral.

Mi definición de moralidad es que debe ser consciente y, cuando lo es, no es ni masculina ni femenina. La conciencia solo es conciencia. Cuando decides algo siendo consciente, no hay clases y esto está por encima de las diferencias de sexo, casta y credo. Solo así puedes ser moral.

Dicen: «*Maestro, esta mujer ha sido sorprendida en flagrante adulterio. La ley de Moisés nos manda apedrearla. ¿Qué dices tú?*».

Le dijeron esto para tentarlo y tener una excusa para acusarlo, pero Jesús se agachó y se puso a escribir con un dedo en la arena, como si no hubiese oído nada.

Es una trampa. Quieren tenderle una trampa a Jesús: «La ley de Moisés nos manda apedrearla». Sin embargo, la ley no dice nada del hombre. A una mujer como esa hay que apedrearla hasta morir porque lo ha dicho Moisés. Están intentando hacerle caer en una trampa. Si Jesús dijera: «Sí, haced lo que dice Moisés», le acusarían porque siempre está hablando del amor, de la compasión, de la bondad, del perdón. Y le dirían: «¿Dónde está tu compasión? ¿Dónde está tu perdón? ¿Dónde está tu amor? ¿Estás diciendo que hay que apedrear a esta mujer hasta que muera? Eso es muy duro, muy cruel y violento». Eran muy astutos.

Si Jesús dijera: «Eso no es correcto. Moisés no tenía razón», entonces le dirían: «¿De modo que has venido para destruir a Moisés, has venido a destruir nuestra religión? Sin embargo, le estás diciendo a la gente que no has venido para destruir, sino para completar. ¿Qué dices ahora de esto? Si has venido para completar, tendrás que obedecer la ley de Moisés». Están creando un dilema. Esta es la trampa. La mujer no les preocupa, su verdadero objetivo es Jesús; la mujer simplemente es una excusa. Y por eso le han presentado este caso..., por eso dicen «en flagrante adulterio» en el mismo acto. No se trata de decidir si la mujer realmente ha cometido adulterio o no.

En ese caso, Jesús tendría una excusa y podría haber dicho: «Habría que determinar, antes que nada, si realmente ha ocurrido algo o no. Traedme a los testigos. Para empezar, tenemos que estar seguros». Y esto les podría llevar años, por eso dicen: «*In fraganti!* La hemos descubierto en el mismo acto. Todos somos testigos, no hay que esclarecer nada. La ley está muy clara y Moisés ha dicho que hay que apedrearla. ¿Qué dices tú? ¿Estás de acuerdo con Moisés? Si lo estás, ¿dónde están todo tu amor y tu compasión, y todo tu mensaje? Si no estás de acuerdo, ¿qué significa cuando dices que has venido a completar su trabajo? En ese caso has venido a destruir la ley de Moisés. ¿Crees que eres superior a Moisés? ¿Crees que sabes más que Moisés?».

«*¿Qué dices tu?*».

Le dijeron esto para tentarlo y tener una excusa para acusarlo, pero Jesús se agachó y se puso a escribir con un dedo en la arena, como si no hubiese oído nada.

¿Por qué? ¿Por qué se agachó Jesús? ¿Por qué se puso a escribir en el suelo? Estaban a la orilla del río y Jesús se encontraba sentado en la arena. ¿Por qué se puso a escribir en la arena? ¿Qué había sucedido?

Hay algo que debemos entender, porque se trata de una cuestión muy delicada. Si, por ejemplo, yo me percato de que Buda se ha equivocado en algo que dijo, tendré muchas dudas a la hora de afirmar que se ha equivocado. Él no puede estar equivocado. Debe de ser que la tradición lo ha malinterpretado y han puesto unas palabras en su boca por error. Buda no se puede equivocar. Pero ahora no hay forma de saberlo y las escrituras lo dicen claramente. Jesús está indeciso…, está preocupado. No quiere decir ni una sola palabra contra Moisés, pero tiene que hacerlo, por eso duda. No quiere decir nada contra Moisés porque sabe que Moisés no puede haber dicho eso. Cree que Moisés no lo ha dicho de ese modo. Pero lo que él crea no es concluyente, porque le dirán: «¿Y quién eres tú para decirlo? ¿Por qué debemos fiarnos de lo que tú creas? Hay un código escrito que nos han transmitido nuestros antepasados. ¡Aquí lo dice claramente!».

Jesús no quería decir nada contra Moisés, porque realmente había venido a completar el trabajo de Moisés. Cualquier persona del mundo que haya alcanzado la iluminación ha venido a completar a todos los iluminados que le han precedido. Aunque a veces diga algo contra ellos, también los está completando, porque no puede decir nada contra ellos. Tú crees que está diciendo algo contra ellos, pero en realidad está diciendo algo contra la tradición y contra las escrituras, aunque te parezca que está diciendo algo contra Moisés, contra Buda o contra Abraham. Por eso Jesús se agacha, mira la arena y se pone a escribir. Está desconcertado e intenta descubrir qué puede hacer. Está buscando una salida. Tiene que encontrar una salida para no hablar contra Moisés, y, al mismo tiempo, cancelar su ley. Y se le ocurre una respuesta realmente milagrosa, una respuesta mágica.

Cuando le volvieron a preguntar, él se levantó y les dijo:

—Aquel de vosotros que esté libre de pecado que lance la primera piedra.

Es realmente increíble, es maravilloso, esto explica su incertidumbre. Ha encontrado el término medio. No ha dicho ni una sola palabra contra Moisés, pero tampoco lo ha apoyado. Este es el punto delicado que tenemos que entender. Jesús era muy inteligente; era inculto pero inteligente, era un hombre muy consciente, por eso encontró una salida.

Dice: «Aquel de vosotros que esté libre de pecado...». No está dándole la razón directamente a Moisés, pero dice: «De acuerdo. Si Moisés lo dice, debe de ser así. Pero, entonces ¿quién va a ser el primero que le lance una piedra a esta mujer?».

Aquel de vosotros que esté libre de pecado que lance la primera piedra.

«Podéis empezar, pero solo el que esté libre de pecado...». Esta es la nueva aportación de Jesús. Solo puedes juzgar si estás libre de pecado. Solo puedes castigar si estás libre de pecado. ¿Cómo puedes hacerlo si estás en el mismo barco? ¿Quién castiga a quién?

Y se agachó de nuevo y se puso a escribir en el suelo.

¿Por qué se agachó de nuevo? Porque debía de temer que alguien... Él sabía que todo el mundo había cometido algún pecado. Y si no lo habían cometido, lo habían pensado, que es casi lo mismo. Es lo mismo pensarlo que hacerlo.

La verdadera diferencia entre un pecado y un delito es que algo se convierte en delito cuando se lleva a cabo. Si lo piensas y no lo llevas a cabo, no te pueden juzgar, porque no se ha convertido en un delito. Solo están sujetos a la ley los delitos, pero un pecado no. Entonces ¿qué es un pecado? Un pecado es pensar, «mataría a este hombre». Un juzgado no puede hacer nada. Tú puedes decir: «Es verdad, llevo toda la vida pensándolo». Pero pensar algo no está sujeto a la ley. Está permitido pensar. Ningún juzgado te puede acusar de haber soñado que matabas a alguien. Puedes soñar todos los días que matas a toda la gente que quieras. Mientras no sea un hecho real, mientras el pensamiento no se convierta en un hecho, mientras no se traduzca a la realidad, ningún juzgado no te podrá encarcelar. Pero si sale de ti y afecta a la sociedad, entonces se convierte en un delito.

Para Dios es un pecado porque él puede leer tus pensamientos. No necesita leer tus actos. Un juez tiene que leer tus actos, no puede leer tus pensamientos porque no sabe leer la mente ni los pensamientos. Pero para Dios no hay ninguna diferencia, a él le da igual que lo pienses o que lo hagas. En cuanto lo piensas, ya lo has hecho.

Jesús dice: «Aquel de vosotros que esté libre de pecado», no está diciendo que esté libre de haber cometido un delito. Dice: «Aquel de vosotros que esté libre de pecado que lance la primera piedra». La diferencia estaba clara desde siempre: si lo has pensado, ya has cometido el pecado.

Y se agachó de nuevo… Y esta vez, ¿por qué? Porque si se pusiera a mirar a la gente, su mirada podría ser una provocación. Si mirase a alguien, se podría sentir ofendido porque le ha mirado y le lanzaría una piedra a esa pobre mujer. No quiere ofender a nadie, por eso se retira. Simplemente se agacha y se pone a escribir en la arena, como si no estuviera ahí. Se ausenta porque su presencia puede ser peligrosa. Si solo habían ido a pescarle en un error y sienten su presencia, les costará más trabajo sentir su propia conciencia, su consciencia. Por eso se retira y les da libertad total para pensarlo.

No quiere interferir. Su presencia podría interferir; si sigue mirándolos, sus egos se sentirán ofendidos y les resultará más difícil huir, porque se sentirán mal al hacerlo. Alguien podría estar junto al gobernador de la ciudad o de otra persona honorable... ¿Cómo va a huir el gobernador cuando Jesús le está mirando? Si huye y no le tira una piedra a esa mujer, estará diciendo que es un pecador. De modo que Jesús se vuelve a agachar y se pone a escribir en la arena mientras les da la oportunidad de huir.

Y los que le oyeron sintieron que su propia conciencia los acusaba...

Jesús los deja solos. Esta es la belleza de este hombre. No quiere interferir con su presencia, ya no está ahí. Les empieza a remorder la conciencia. Lo saben. Es posible que hayan deseado a esa mujer muchas veces o incluso hayan estado con ella en el pasado. A lo mejor era una prostituta y todas esas personas honorables han hecho el amor con ella. Porque ser una prostituta implica que la mayor parte del pueblo ha podido estar con ella.

En India, las prostitutas en la antigüedad se llamaban *nagatvadhv*, que significa «esposa del pueblo». Este es el nombre correcto. Todas esas personas debían haber estado con esta mujer o con otras mujeres, si no de hecho, por lo menos de pensamiento. Tengo la impresión de que estaba atardeciendo, se estaba poniendo el sol, estaba empezando a oscurecer y Jesús se agachó y se puso a escribir en la arena esperando a que se hiciera de noche para que la gente se fuera yendo poco a poco.

Y los que le oyeron sintieron que su propia conciencia los acusaba y se fueron yendo de uno en uno, empezando por los más ancianos (¡el gobernador!) *hasta llegar al último.*

CONDENADOS POR SU PROPIA CONCIENCIA

Los primeros en irse fueron los más ancianos, puesto que, como es lógico, habían vivido más y habían pecado más. Los jóvenes no habían pecado tanto porque todavía no habían tenido la ocasión. Los primeros en irse fueron los más ancianos. Los que estaban delante se debieron de ir moviendo hacia atrás disimuladamente para huir, porque este hombre los había metido en un verdadero aprieto al cambiar de repente la situación. Ellos habían ido para atraparle, ¡pero los habían atrapado! No puedes atrapar a un Jesús o un Buda, es imposible; te atrapará él a ti. Tú estás en un nivel mental más bajo, ¿cómo pretendes apresar a alguien que está en un nivel mental superior? Es una tontería. El estado más elevado te alcanzará enseguida, porque en ese estado más elevado todo tu ser está a tu disposición.

Jesús debió de ver la conciencia de todas esas personas, porque tenía capacidad para hacerlo, y vería surgir en las cabezas todo tipo de pecados. De hecho, incluso allí estaban pensando cómo podrían acostarse con esa mujer. Seguramente estaban enfadados porque el pecado lo había cometido otra persona y ellos no habían tenido la oportunidad. A lo mejor solo estaban celosos porque les habría gustado estar en el lugar del otro hombre al que no habían llevado ante Jesús. Desde su altura, Jesús debió de ver dentro de su corazón y los atrapó. Ellos se habían olvidado por completo de su trampa, se habían olvidado de Moisés y de su ley y de todo lo demás.

De hecho, lo que les preocupaba no era Moisés y su ley. También tenemos que darnos cuenta de esto. Lo que de verdad deseaban era apedrear a esa mujer, disfrutar del asesinato. No tenían ningún interés en castigar a una persona por haber cometido un pecado, eso solo era una excusa. No podían dejar pasar la ocasión de asesinarla, por eso utilizaron a Moisés. Moisés había dicho miles de cosas, pero todo eso no les importaba. Sus sentencias y declaraciones no les importaban, lo único que les importaba era una cosa: «Moisés ha dicho que, si descubres a una mujer cometiendo adulterio, la puedes apedrear». No podían desperdiciar esa magnífica oportunidad de asesinar a alguien, de ser violentos.

¿Quién quiere perderse la oportunidad de ejercer la violencia si le ampara la justicia? No solo van a disfrutar de la violencia, sino que, además, estarán respetando la ley y serán virtuosos seguidores de Moisés.

Pero ahora se habían olvidado de todo esto. Jesús había dado un pequeño giro a la situación y se habían olvidado de Moisés. Jesús había cambiado todo el enfoque. Había desviado la atención, que ya no se dirigía hacia la mujer, sino hacia ellos mismos. Los había transformado, los había obligado a dar un giro de ciento ochenta grados. Estaban pensando en la mujer, en Moisés y en Jesús, y este les hizo cambiar de actitud. Los convirtió en su propio objetivo. Le dio la vuelta a su conciencia.

Ahora dice: «Mira en tu interior. Si nunca has cometido un pecado, entonces, podrás hacerlo, podrás matar a esta mujer».

Cuando Jesús se levantó... se dio cuenta de que todos se habían ido. Y Jesús se quedó solo con la mujer que estaba de pie en el centro..., le preguntó: «Mujer, ¿dónde están todos los que te acusaban?».

No le dice «te estoy acusando», sino, «¿dónde están todos los que te acusaban?». No participa de ello ni un instante. Él no la ha juzgado, no la ha condenado. No ha dicho ni una sola cosa en contra de esta mujer. Simplemente dice: «Mujer, ¿dónde están todos los que te acusaban? ¿No te ha castigado ningún hombre?».

«*Ninguno, Señor*», *dijo ella.*

¿Se han ido todos? ¿Ningún hombre te ha lanzado una piedra?

Ella debió de sentir un profundo respeto y reverencia por este hombre que no solo la había salvado físicamente, sino que ni siquiera la acusaba en modo alguno. También la había salvado espiritualmente. Ella debió de haber mirado esos ojos que estaban llenos de amor y compasión, y nada más. Esto es ser una persona religiosa.

Un moralista siempre condena y acusa, una persona religiosa siempre acepta y perdona.

Ella contestó: «Ninguno, Señor». Y Jesús le dijo: «Yo tampoco te castigo. Vete y no vuelvas a pecar».

> Un moralista siempre condena y acusa, una persona religiosa siempre acepta y perdona.

Jesús le dice: «No tienes que preocuparte de nada, eso es el pasado. El pasado es pasado y lo que se ha ido se ha ido. Olvídate de ello. Pero tienes que aprender algo de esta situación. Si tú crees que lo que has hecho era un error, no vuelvas a cometer el mismo error en el futuro. Yo no te estoy acusando».

Yo tampoco te castigo... Pensar que lo que has hecho está mal depende de ti, pero no lo vuelvas a hacer. Olvídate del pasado, no sigas repitiéndolo.

Este es el mensaje de todos los budas, de todos los cristos y de todos los krishnas: olvídate del pasado y, si lo has entendido, no vuelvas a hacerlo. Eso es todo. No hay ningún castigo, no hay ningún juicio. Si has hecho algo es porque no has sabido hacer otra cosa. Eres una persona inconsciente y tienes tus limitaciones. Tienes deseos, deseos insatisfechos. Lo que has hecho es lo único que podías hacer. ¿Qué sentido tiene acusarte y castigarte? Lo único que puedes hacer es elevar tu conciencia.

Esa mujer debe de haber empezado a tener una conciencia más elevada. Habrá pasado miedo porque estuvieron a punto de matarla. Y este hombre la ha salvado de la muerte con una sola frase. No solo eso, sino que todos los que la acusaban han desaparecido. Este hombre ha obrado un milagro. No solo no la han matado, sino que se han avergonzado y han huido como ladrones en la oscuridad de la noche. Este hombre es un mago.

Ahora está diciendo, «yo no te condeno. Si crees que has hecho algo mal, no vuelvas a hacerlo. Eso es todo». La ha transformado.

Esto es lo que la gente que toma LSD denomina «un estado elevado de conciencia por contacto». Jesús está en un estado elevado de conciencia y, si tienes afinidad con él, empezarás a elevar tu conciencia. Esto ocurre por sincronicidad, no es causal. Esa mujer debe de haber llegado ahí casi acusándose, avergonzada de sí misma, pensando en suicidarse. Y él la ha elevado y la ha transformado.

«Ninguno, Señor», dijo ella. Jesús se convierte en Señor; para ella, Jesús se convierte en Dios. Nunca ha visto antes a un hombre tan divino. Cuando no castigas, te conviertes en dios. Cuando no juzgas, te conviertes en dios. Hizo que todas esas

personas desaparecieran y la salvó solo con su presencia, con una sola frase. La salvó físicamente y también espiritualmente. Jesús no interfirió en nada. No la castigó ni dijo ni una sola palabra. Solo dijo: «No repitas tu pasado», eso es todo lo que dijo. «Deja que el pasado sea pasado y que lo que se ha ido se vaya. Y empieza a ser una persona nueva. Todo está bien y estás perdonada».

Jesús transformó a mucha gente perdonándola. Esta era una de las acusaciones que había contra él: «Él perdona a la gente. ¿Quién es él para perdonar? Si alguien comete un pecado, ¡es la sociedad la que tiene que castigarlo! Si la sociedad no consigue castigarlo y se escapa, entonces la sociedad prepara un castigo por medio de Dios: tendrá que ir al infierno».

Los hindúes están completamente en contra de la idea del perdón de Jesús. Esta idea cristiana es enorme, es inmensa, es fabulosa y tiene un gran potencial. Los hindúes dicen que tienes que sufrir por tu karma del pasado y tendrás que deshacer todo lo que hayas hecho. Si has hecho algo malo, tendrás que hacer algo bueno para compensar. Lo que has hecho mal tiene unas consecuencias, y las verás, tendrás que padecerlas. Los hindúes no están de acuerdo con Jesús. Los budistas y los jainistas tampoco están de acuerdo, y tampoco los judíos. ¿Cómo puedes perdonar?

Pero yo te digo que un hombre de entendimiento puede perdonar. No es que su perdón te perdone, sino que su conciencia, su gran conciencia, puede producirte una sensación de bienestar: «No pasa nada, no te preocupes; sacúdete el pasado como si fuera polvo y olvídate de él». Este hecho tan simple te proporcionará mucha valentía y mucho entusiasmo, y te abrirá un mundo de posibilidades y nuevas puertas. Te has liberado de ello y ahora puedes seguir avanzando. De aquí surgió la idea de la confesión cristiana. Pero no funciona así, porque la persona con la que te confiesas es un ser humano corriente, como tú. Cuando te confiesas, en realidad el sacerdote no te está perdonando, en el fondo es posible que te esté condenando. Su perdón solo es una pantomima. Es un hombre corriente y su conciencia no es más elevada que la tuya.

El perdón solo puede fluir cuando hay una conciencia más elevada. Los ríos pueden fluir porque van de la montaña a la llanura. El perdón solo puede fluir si nace de un Jesús o de un Buda. Y cuando hay una persona como Buda, basta con su toque o su mirada para perdonarte todo tu pasado y tus karmas.

Estoy completamente de acuerdo con Jesús. Él le aporta a la humanidad una nueva visión para poder alcanzar la liberación. El concepto hinduista, jainista y budista es muy ordinario y matemático. No tiene ninguna magia. Es muy lógico, no tiene amor. Jesús trae amor al mundo.

Hemos terminado por hoy.

El perdón en el día a día
Respuestas a preguntas

«¿Estás a favor de la pena de muerte?».

No. No estoy a favor de la pena de muerte. Alguien asesina a una persona y el castigo consiste en matar al asesino… Esa persona ha cometido un crimen, y la sociedad la castiga haciendo lo mismo. Tu castigo no va a hacer que la persona asesinada recobre la vida. Gracias a tu castigo, si antes habían asesinado a una persona, ahora han asesinado a dos. Eso no tiene ningún sentido. No estás siendo justo, simplemente te estás vengando. Si fueras justo, mandarías al asesino a un hospital psiquiátrico para que se ocuparan de él. En su cerebro debe de haber algo que no está bien, en su psicología debe de haber algo que no funciona bien, pero él no tiene la culpa. Necesita tratamiento psiquiátrico.

No solo soy contrario a la pena de muerte, sino a todos los tipos de castigo, porque no sirven para cambiar a una persona; al contrario, la convierten en un criminal más peligroso.

Todos los crímenes tienen que ver esencialmente con la psicología. El cerebro de esa persona no funciona bien, necesita cuidados, compasión. Precisa que la sociedad la ayude para poder integrarse con dignidad y respeto. Hasta ahora, hemos sido muy criminales, muy bárbaros. La civilización todavía no existe. La pena de muerte y todos los castigos solo demuestran que el nuestro es un enfoque bárbaro.

Una humanidad civilizada curará a las personas que son criminales. Hay que llevarlas a un hospital, a un hospital psiquiátrico, y no a la cárcel.

> Una humanidad civilizada curará a las personas que son criminales. Hay que llevarlas a un hospital, a un hospital psiquiátrico, y no a la cárcel.

«¿Qué es la ley del karma?».

En realidad, no es una ley, porque no hay un legislador detrás de ella. Al contrario, es intrínseca a la existencia. Es la naturaleza misma de la existencia: recoges lo que siembras. Pero es compleja, no es tan simple ni tan obvia.

Para que quede más clara, tendrás que tratar de entenderla en un sentido psicológico, porque la mente moderna solo entiende las cosas cuando se las explican de forma psicológica. En el pasado, cuando se hablaba de la ley del karma —cuando Buda habló de ella o Mahavira habló de ella—, usaban comparaciones fisiológicas, físicas. Ahora nos hemos alejado mucho de todo eso. Ahora vivimos más en el mundo de la psicología, de modo que esto nos ayudará.

Todos los crímenes que cometemos contra nuestra propia naturaleza —sin excepción— se graban en nuestro inconsciente, en lo que los budistas denominan *alaya vigyan*, el «almacén de la conciencia».

Todos los crímenes…, pero ¿qué es un crimen? No es un crimen porque lo diga la ley de Manu, puesto que esa corte ya no es relevante; no es un crimen porque lo digan los diez mandamientos, pues también han dejado de ser relevantes. Y tampoco es un crimen porque lo diga el Estado, porque eso depende: hay algo que puede ser un crimen en Rusia, pero en Estados Unidos no. Hay algo que puede ser un crimen según la tradición hindú, pero según la tradición musulmana no. Entonces ¿qué es un crimen? Tiene que haber una definición universal.

Mi definición es esta: todo lo que vaya contra tu propia naturaleza es un crimen; es ir contra ti, es ir contra tu ser.

¿Y cómo puedes saber que es un crimen? Porque, cuando cometes ese crimen, se queda grabado en tu inconsciente de una determinada forma; porque, cuando se graba, empiezas a sentirte culpable. Comienzas a despreciarte, a sentirte indigno. Sientes que no estás siendo como deberías ser. Hay algo que se endurece dentro de ti, hay algo que se cierra. Y dejas de fluir como fluías antes. Algo se ha petrificado, se ha quedado duro. Te duele, te hace daño y hace que sientas que no eres digno.

Karen Horney tiene una buena palabra para describir esta percepción y este recuerdo inconsciente. Ella dice que «se registra». Me gusta la expresión «se registra». Todo lo que haces se registra automáticamente. Si has sido cariñoso, se registra que has sido cariñoso y te hace sentirte digno. Si has odiado, te has enfadado o has sido destructivo y deshonesto, se registra y te sientes indigno, por debajo de los seres humanos, y eso hace que te consideres inferior. Y cuando sientes que eres indigno, te desconectas del flujo de la vida. ¿Cómo puedes fluir con la gente si ocultas algo? Solo puedes fluir cuando te expones, cuando estás disponible por completo.

Si has engañado a tu mujer porque estás viendo a otra, no podrás estar con tu esposa con plenitud. Es imposible, porque se ha quedado registrado en el fondo de tu inconsciente y sabes que no estás siendo sincero; en el fondo de tu inconsciente sabes que tienes que ocultarlo y que no puedes revelarlo. Si tienes que ocultar algo y mantenerlo en secreto para que tu mujer no lo sepa, se creará una distancia. Cuanto más grande sea ese secreto, mayor será la distancia. Si tienes demasiados secretos, te cerrarás por completo. No podrás relajarte con tu mujer y tu mujer tampoco podrá relajarse contigo, porque tu tensión también le provoca tensión a ella. Su tensión te hace estar más tenso todavía, y esto acaba convirtiéndose en un círculo vicioso.

En efecto, se registra en nuestro historial, en nuestro ser. Ten en cuenta que Dios no guarda un registro de tu historial. Antiguamente se decía así. «Ese libro es tu ser. Todo lo que eres y todo lo que haces se registra constantemente». No significa que lo esté anotando nadie, es un fenómeno espontáneo. Si has mentido, se registra que has mentido, y para defender esas mentiras tienes que seguir mintiendo cada vez más.

Y te conviertes en un mentiroso compulsivo. No puedes decir la verdad, porque decir una sola verdad es un peligro para ti.

Una cosa lleva a la otra: cuando dices una mentira, estás

atrayendo otras mentiras. Lo semejante atrae lo semejante. Y ahora la verdad no es bienvenida, porque la luz de la verdad no le gusta a la oscuridad de las mentiras. Y aunque no exista ningún riesgo de que todas tus mentiras salgan a la luz, no podrás decir la verdad.

Cuando dices una verdad, estás atrayendo otras verdades. Lo semejante atrae lo semejante. Si normalmente eres sincero, es muy difícil que mientas ni una sola vez, porque toda esa verdad te protege. Y todo esto es un fenómeno espontáneo, no hay un Dios que lo esté anotando en un libro. El libro eres tú. Tú eres el Dios, y tu ser es el libro.

Abraham Maslow dice: «Cuando hacemos algo que nos avergüenza, se registra en el deber. Y cuando hacemos algo que está bien, se registra en el haber». Es algo que puedes ver, puedes comprobarlo. La ley del karma no es una filosofía ni una abstracción. Es una teoría sencilla que explica lo que hay dentro de tu ser. El

> No hay un Dios que lo esté anotando en un libro. El libro eres tú. Tú eres el Dios, y tu ser es el libro.

resultado final es que o nos respetamos o nos despreciamos, y nos sentimos deleznables, indignos; no merecemos ser amados.

Te estás creando a ti mismo en cada momento: dentro de tu ser puede surgir la gracia o la desgracia. Esta es la ley del karma. Nadie puede escaparse. Nadie debería intentar engañar al karma, porque es imposible. Observa y, cuando lo entiendas, empezarán a cambiar las cosas. Cuando sepas que es inevitable, serás una persona completamente distinta.

«Jesús dijo que se sacrificó en la cruz para salvar al mundo de los pecados del hombre. ¿Podrías comentarlo, por favor?».

Lo primero que debemos entender de alguien como Jesús es que todo lo que diga la Iglesia que surge alrededor de una persona como él irremediablemente está mal. Lo que dice la Iglesia católica de Jesús no puede ser verdad. De hecho, el sacerdote católico no representa a Jesús en absoluto. Es el rabino de siempre que se ha cambiado de ropa, es el rabino de siempre que fue el culpable del asesinato de Jesús, y el papa tampoco es mucho mejor.

No importa si la institución es judía, católica o hindú; todas funcionan de la misma manera.

Jesús era un rebelde, lo mismo que Buda o Lao Tzu. Cuando una Iglesia empieza a implantarse, se destruye la rebeldía de Jesús o de Buda, porque la rebelión no concuerda con las instituciones. La Iglesia quiere imponer sus propias ideas y, una vez que ha desaparecido Jesús, es más fácil hacerlo. Empieza a seleccionar las partes de la Biblia que quiere conservar y las que quiere eliminar. Tiene que eliminar muchas cosas, hay muchas cosas que no se han incluido en la Biblia.

Por ejemplo, el Evangelio de Tomás no se incluyó en el Nuevo Testamento. Se ha descubierto hace algunos años y es el evangelio más importante. Los cuatro evangelios que se incluyeron no pueden compararse con este, porque el Evangelio de Tomás es muy controvertido. En apariencia, Tomás solo informó sobre Jesús sin entrometerse en su mensaje ni contaminarlo. Este debe ser el motivo por el que no han querido incluirlo en la versión oficial del Nuevo Testamento. Y los evangelios que se han incluido también se editaron. Los concilios llevan muchos siglos editándolos, destruyéndolos y distorsionándolos. Yo conozco a Jesús porque conozco la meditación. No conozco a Jesús a través de la Biblia, no lo conozco a través de la teología cristiana, lo conozco directamente porque me conozco a mí mismo, y esa es mi manera de conocer a todos los budas. En cuanto conoces tu propia budeidad, conoces a todos los budas. Es la misma experiencia. Las diferencias están en la mente, pero cuando trasciendes la mente ya no hay diferencias. ¿Qué diferencias puede haber en un vacío absoluto? Dos vacíos son exactamente iguales. Las mentes tienden a ser diferentes porque están formadas por pensamientos. Cuando hay nubes en el cielo, cada nube es diferente, pero cuando no hay nubes el cielo es uno y siempre es igual.

Yo no conozco a Jesús a través de la teología cristiana, lo conozco directamente. Y lo que sé es que él no puede haber hablado en términos de sacrificio..., esto es lo primero. Un hombre como Jesús no habla en términos de sacrificio. Él habla de celebración, no de sacrificio. Va a encontrarse con Dios bailando y cantando. La Iglesia católica quiere convertirlo en el mayor mártir que haya existido, diciendo que se ha sacrificado para salvar al mundo de los pecados del hombre. Pero, para empezar, no es un sacrificio —un sacrificio es algo serio—, ¡es una celebración! Jesús está celebrando su vida y su muerte.

En segundo lugar, nadie puede resolver los problemas de los demás, nadie tiene la capacidad de ser la salvación del mundo. Y puedes comprobarlo porque el mundo sigue estando igual. Han pasado veinte siglos y los sacerdotes católicos siguen diciendo tonterías: que Jesús se sacrificó para salvar al mundo. ¿Y dónde ves la salvación del mundo? O quizá ha sido un fracaso y no lo ha conseguido…, pero ellos no pueden admitir que fuera un fracaso. Entonces ¿qué ha ocurrido? El mundo sigue exactamente igual, no ha cambiado nada. La humanidad continúa sufriendo. Jesús no puede haber dicho: «He venido a salvar el mundo». Lo que ocurre es que siempre que una Iglesia se quiere imponer, se inventa este tipo de ideas; si no, ¿quién les va a hacer caso a los sacerdotes? De modo que Jesús es la salvación, y no solo eso, sino que además es la *única* salvación.

Justo la otra noche estaba viendo este libro: *Jesús, el único camino*. ¿Por qué es el único camino? ¿Buda no es un camino? ¿Lao Tzu no es un camino? ¿Zaratustra no es un camino? ¿Moisés no es un camino? ¿Mahoma no es un camino? Hay infinitos caminos para llegar a Dios. ¿Por qué queremos empobrecer a Dios? ¿Por qué un único camino? Pero al sacerdote católico no le interesa Dios, lo que le interesa es hacer negocio. Tiene que declarar que Jesús es el único camino y que los demás caminos están mal. Está buscando clientes.

Por eso proliferan en todas las religiones los fascistas y los fanáticos. Todas las religiones declaran: «Mi camino es el único válido, es el único que te llevará a Dios. Si vas por otro camino, irás al infierno, te condenarás». Esta forma de pensar es fascista y genera fanatismo. Todas las personas religiosas son fanáticas, y el mundo ha sufrido demasiado por culpa de este enfoque fanático. Ya ha llegado el momento y la hora de dejar todas esas actitudes fascistas y sectarias a un lado.

Jesús es un camino, pero hay que recorrerlo. Aunque el camino esté ahí, no es suficiente. Jesús no puede ser la salvación del mundo por el simple hecho de estar ahí, por el simple hecho de haber sido crucificado; si fuera así, eso ya habría sucedido. Si eso fuera verdad, ¿qué estamos haciendo ahora? ¿Qué están haciendo los sacerdotes? ¿Qué está haciendo el papa? Si Jesús realmente ha llevado a cabo el trabajo de la salvación, Mahoma no tiene razón de ser, porque llegó después que Jesús. Y tampoco tiene razón de ser Nanak, el fundador del sijismo, ni tiene sentido que venga Kabir. Después de Jesús se cerró la tienda. Sin embargo, no es lo que ha ocurrido.

Buda dice: «Los budas solo pueden señalar el camino». Sin embargo, los discípulos fanáticos siempre quieren atribuírselo. ¿Qué se puede decir de Jesús? Hasta los jainistas promulgan que Mahavira vino al mundo para salvar a la humanidad. Con Jesús podríamos tener más dudas, porque su forma de hablar se puede malinterpretar más fácilmente, pero Mahavira era muy claro. Y dijo de forma rotunda que nadie puede salvar a otra persona: «Yo no he venido a salvar a nadie. Si consigo salvarme a mí mismo, ya es suficiente». Hasta alguien como Mahavira lo dijo con claridad, pero sus discípulos —los jainistas que han hecho voto de silencio, los monjes jainistas y las autoridades jainistas— siguen diciendo que Mahavira vino a salvar a la humanidad.

No entiendo cómo hay personas que pretenden ocuparse de la humanidad. ¿Cómo van a hacerlo? Si tú no eres quien ha creado el sufrimiento del mundo, ¿cómo vas a acabar con él? Si Jesús es la causa del sufrimiento del mundo, es evidente que podrá acabar con él. Si él es la persona que te ha encarcelado, podrá abrir las rejas, desbloquear las puertas y decirte que te vayas y que eres libre. Pero él no es la persona encargada de hacerlo. Eres tú, porque tú mismo lo has creado, tú mismo has creado tu propio infierno. ¿Qué puede hacer Jesús?

Si a la humanidad se le ha metido en la cabeza esta forma de pensar tan tonta es por una razón: porque siempre queremos que el responsable sea el otro. Siempre queremos responsabilizar a alguien de nuestra desdicha o de nuestra felicidad.

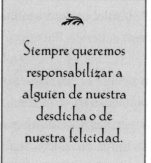

Siempre queremos responsabilizar a alguien de nuestra desdicha o de nuestra felicidad.

No queremos ser responsables, queremos evitar la responsabilidad, y por eso nos quedamos enganchados a ese tipo de ideas.

Los católicos dicen que Adán y Eva cometieron el pecado original y que ahora toda la humanidad tiene que sufrir por eso. Evidentemente, es una bobada. Los científicos afirman que la humanidad lleva cientos de miles de años existiendo. Hace cientos de miles de años hubo una pareja, Adán y Eva, que cometió un pecado, y nosotros seguimos sufriendo por eso. ¿Se te ocurre algo más ridículo? ¿Que tú estés cautivo porque hace cientos de miles de años alguien cometió un crimen? Tú no has hecho nada, ¿por qué tienes que sufrir por ello? ¿Y cuál es el pecado original del que hablan? Ni es original ni es pecado.

Lo que hizo Adán fue algo muy sencillo: desobedecer a su padre. Todos los niños tienen que desobedecer a su padre. Nadie puede madurar si no desobedece a su padre.

No es original en absoluto, es simple y natural. Es muy psicológico. Llega una edad en la que cualquier niño tiene que decir que no a sus padres. Si no lo hace, no tendrá columna vertebral, se quedará sin la columna. Si no puede decir que no a sus padres, será un esclavo toda su vida. Nunca llegará a tener una individualidad.

Adán y Eva no cometieron ningún pecado, solo maduraron. Dijeron que no, desobedecieron. Si tu hijo se va a fumar a la parte trasera de la casa, no te preocupes demasiado, solo te está desobedeciendo. Forma parte de su desarrollo. Si no te desobedece nunca, deberías empezar a preocuparte. Deberías llevarlo a un psicoanalista, porque le pasa algo. Si te obedece siempre es que no tiene alma, es anómalo, no es normal.

Alégrate de que tu hijo te desobedezca. Dale las gracias a la existencia porque ha empezado a convertirse en un individuo. Un niño solo puede encontrar su individualidad si desobedece, si se rebela. Y si sus padres son inteligentes se deberían alegrar.

Yo no creo que Dios sea tan tonto como los sacerdotes católicos. A Dios debió de alegrarle que Adán y Eva le desobedecieran, seguro que se puso contento, seguro que empezó a cantar: «Ahora mis hijos están madurando». No me lo imagino enfadado. No concibo que Dios no entienda un fenómeno psicológico tan simple.

Tienes que darle a tu Dios más inteligencia que a Sigmund Freud. Es una cuestión vital muy obvia que los niños tienen que desobedecer. No es un pecado, desobedecer no es pecado. ¿Y qué tiene de original? No es nada singular, y no sucedió solo una vez hace millones de años, ocurre cada vez que un niño empieza a crecer. Cuando tu hijo crezca y tenga tres o cuatro años, verás que quiere empezar a declarar su libertad.

> Un niño solo puede encontrar su individualidad si desobedece, si se rebela. Y si sus padres son inteligentes se deberían alegrar.

Por eso, cuando quieres recordar tu vida, solo puedes retroceder hasta los cuatro años o, a lo sumo, hasta los tres, pero más allá de eso solo hay oscuridad. ¿Por qué? Porque no tenías individualidad, y, por lo tanto, no tenías memoria. Empezaste a tener individualidad a los tres o cuatro años.

Por eso digo que la parábola de Adán y Eva tiene muchos aspectos, y no me cansaré de hablar de ella desde diferentes ángulos. La primera que desobedeció fue Eva, eso significa que lo hizo un año antes. Adán entró en razón un año más tarde, y, de hecho, fue Eva quien lo convenció. Eva fue la primera en comer del fruto, desobedeciendo a Dios, y Adán lo hizo después. Esto no ha sucedido una sola vez, ocurre siempre. Les pasa a todos los niños, y es bueno que se produzca. Alrededor de los cuatro años el niño empieza a tener una individualidad propia, empieza a definirse.

Lanahan, un preso político irlandés, se escapó de la cárcel después de excavar un túnel que desembocaba en el patio de un colegio. Cuando salió a la superficie, no pudo evitar gritarle a una niña:

—¡Soy libre, soy libre!

Y la niña contestó:

—¡Libra! ¡Mi padre también! Yo soy Leo.

Llega un momento en que el niño quiere declararle al mundo «¡estoy aquí!», «¡soy yo!». Quiere definirse, y la única forma de hacerlo es desobedeciendo. De modo que ni es original ni es pecado, simplemente es un proceso de desarrollo. El hecho de que el cristianismo siempre haya negado que solo era un proceso de desarrollo no ha permitido que la humanidad madure.

Todas las religiones quieren que la humanidad siga siendo inmadura, infantil, pueril. Tienen miedo de no ser útiles y de perder todo su lustre si la humanidad madura. Si madura, ya no podrán aprovecharse de la humanidad, porque solo tendrán capacidad para aprovecharse de un niño.

¿Qué pecado ha cometido la humanidad para que Jesús tuviera que venir a salvar al mundo?

Primero quiero que quede claro que no hay ninguna necesidad de salvación. En segundo lugar, si crees que sí la hay, el único que podrá hacerlo eres tú. En tercer lugar, no estás viviendo en pecado, sino de acuerdo con tu naturaleza, pero, si condenan la naturaleza, te sientes culpable. Y ese es el secreto de los sacerdotes: hacer que te sientas culpable.

Yo no creo que Jesús dijera que se había sacrificado en la cruz para salvar al mundo de los pecados del hombre. Creo que los sacerdotes han trasladado sus ideas a la figura de Jesús. El Nuevo Testamento se escribió varios siglos más tarde, y lo fueron editando y modificando durante mucho tiempo; por otro lado, el idioma que hablaba Jesús ya no existe: el arameo. Ni siquiera era hebreo, era un dialecto del hebreo y muy diferente de este en muchos aspectos. Cuando tradujeron las palabras de Jesús al griego, primeramente, ya cambió mucho, porque su cualidad original y su sabor original se perdieron. Se perdió algo esencial: el alma. Y luego, al traducirlas del griego al latín, y del latín al inglés, se volvió a perder algo. Hay varias palabras que podemos analizar, una de esas palabras clave es «arrepentimiento», porque Jesús la usa en varias ocasiones. Jesús les dice a sus discípulos: «¡Arrepentíos! Arrepentíos porque el día del juicio final está cerca». Y si lo repite tantas veces es porque para él debía de tener un gran significado. Pero ¿qué significa arrepentirse? Si se lo preguntas a un sacerdote católico, te dirá: «Es una palabra muy fácil, todo el mundo sabe lo que quiere decir: arrepiéntete de tus pecados, arrepiéntete de ser culpable, arrepiéntete de todo lo que has hecho». Y un sacerdote puede ser muy útil porque te puede enseñar formas de arrepentirte. Pero el «arrepentíos» de Jesús no tiene nada que ver con el arrepentimiento.

Cuando Jesús dice «arrepiéntete», lo que está diciendo es «vuelve», no significa «arrepentimiento» en absoluto. Lo que significa es «vuelve hacia dentro, vuelve hacia la fuente», quiere decir «vuelve a tu propio ser».

De eso mismo trata la meditación, de volver a la fuente, de volver al ojo del huracán, de volver a tu propio ser.

Ahora ves la diferencia. La palabra «arrepiéntete» conlleva algo que no está bien: el pecado, la culpa, el sacerdote, la confesión; todo esto es lo que representa la palabra «arrepiéntete».

Pero en arameo esta palabra solo quiere decir «vuelve a la fuente», «vuelve». Vuelve, no pierdas el tiempo. Y esto es lo que ocurre con casi todas las palabras clave.

Es casi imposible entender a Jesús a través de los sacerdotes. La única forma pura, la única forma posible, es yendo hacia dentro, volviendo adentro. Ahí te encontrarás con la conciencia crística. La única forma de entender a Cristo es convirtiéndote en cristo. No seas un cristiano, sé un cristo. No seas un budista, sé un buda. No seas un hinduista, sé un krishna. Si quieres ser un krishna, un cristo o un buda, no necesitas estudiar las escrituras, no necesitas preguntárselo a los eruditos; tendrás que preguntarles a los místicos cómo ir hacia dentro.

Es exactamente lo que estoy haciendo yo aquí: ayudaros a

que os deis cuenta de quiénes sois. En el momento en que te conozcas, te sorprenderás, porque nunca has cometido ningún pecado.

El pecado es un invento de los sacerdotes para hacerte sentir culpable. No necesitas la salvación. Lo único que necesitas es que te sacudan un poco para despertarte. No necesitas a los sacerdotes. Lo que hace falta es gente despierta que se encargue de sacudir a los que están profundamente dormidos y soñando. Y la humanidad necesita liberarse de la culpa, liberarse de la idea de pecado, liberarse de la idea de arrepentimiento. La humanidad necesita inocencia, pero los sacerdotes no te dejan ser inocente, corrompen tu mente.

> El pecado es un invento de los sacerdotes para hacerte sentir culpable. No necesitas la salvación. Lo único que necesitas es que te sacudan un poco para despertarte.

Cuidado con los sacerdotes. ¿Cómo pueden ellos interpretar a Jesús si ellos mismos fueron los que lo crucificaron? Ellos son los que siempre se han opuesto a todos los budas, y lo paradójico es que se hayan convertido en sus intérpretes.

«Mis padres son judíos y no están conformes con las elecciones que he hecho en mi vida. ¿Qué puedo hacer?».

Jesús dijo: «A menos que odies a tus padres, no podrás seguirme». Son unas palabras muy extrañas, sobre todo viniendo de alguien como Jesús. Son chocantes. No te las esperas, o al menos no te las esperas de alguien como Jesús, que dice: «Ama a tus enemigos como a ti mismo». Y no solo eso, sino que también dice: «Ama a tu vecino como a ti mismo», ¡y es mucho más complicado amar a tu vecino que amar a tus enemigos! Pero cuando habla de los padres es muy claro, porque dice: «A menos que odies a tus padres, no podrás seguirme». ¿Por qué es tan duro con ellos?

Y esto no es nada comparado con el Buda Gautama, que solía decirles a sus *bhikkhus*, a sus *sannyasins*, a sus discípulos: «¿Ya habéis matado a vuestros padres o todavía no?». ¡Que lo dijera alguien como Buda, que no era violento en absoluto! Jesús era un poco más violento porque comía carne y no se negaba a comer pescado. Buda era vegetariano, absolutamente vegetariano; es el mayor defensor de la no-violencia que haya habido en la Tierra. Y les preguntaba con insistencia a sus discípulos: «¿Ya habéis matado a vuestros padres o todavía no?».

Está claro que ni Jesús ni Buda lo decían de forma literal, pero sus palabras son muy significativas. Lo que decían encierra un profundo mensaje, es una metáfora. Tendrás que comprender esta metáfora. No les preocupan tus padres externos, tu padre y tu madre; lo que les preocupa es la impronta que han dejado en ti.

Los que te controlan no son tus padres externos. ¿Qué pueden hacer ellos? Tú estás aquí, y ellos probablemente se encuentren a miles de kilómetros, en Alemania. ¿Qué pueden hacerte? No pueden controlarte. Pero hay algo dentro de ti, hay ciertas ideas dentro de ti, ciertas reflexiones, las huellas e improntas de tus padres, y todas esas ideas siguen controlándote. Si no están conformes con lo que has elegido en tu vida, tu conciencia se siente culpable. Sientes que les estás haciendo daño a tus padres y que no está bien, que no debería ocurrir, quieres tratar de evitarlo. Pero los padres siempre se oponen a todo lo nuevo.

El padre de Buda no estaba contento con él; al contrario, estaba muy disgustado, muy enfadado. Buda tuvo que huir de su reino y tenía miedo de que lo encontraran, porque el padre mandó detectives para buscarlo. Él era el único hijo de su padre, que ya era mayor; tenía setenta años cuando Buda se fue de su casa. El padre tenía miedo de que no hubiera nadie para sucederlo en el trono. Y además le llegaban muchos rumores e historias, y chismes de todo tipo: que Buda se había hecho monje, que estaba mendigando, que se había convertido en un mendigo. El anciano rey, como es lógico, estaba muy disgustado: «¿Qué tontería es esta? El hijo de un rey mendigando..., ¿por qué tiene que mendigar? Lo tiene todo, ¿por qué necesita mendigar? Y va mendigando de casa en casa, descalzo y rodeado de otros mendigos como él. ¿Por qué hace esto? ¡Me ha traicionado a mi avanzada edad!».

Naturalmente, estaba muy enfadado, pero esta rabia surgía por otro motivo. La rabia que sentía se debía a que Buda se había enfrentado a su religión, a su ideología. Al enfrentarse a todo lo que representaba su padre se había enfrentado al ego de su padre.

Los padres de Jesús tampoco estaban contentos con él. Ellos eran judíos ortodoxos, ¿cómo iban a estar contentos con un hijo que predicaba cosas raras y que hablaba como si supiera más que Moisés? Porque Jesús no dejaba de decir: «Eso es lo que te han dicho en el pasado, pero yo te digo que está mal. Te han dicho que, si alguien te lanza un ladrillo, debes contestarle lanzándole una piedra. Pero yo te digo que, si alguien te da una bofetada en una mejilla, debes poner la otra».

Esto era completamente contrario a la idea judía de la justicia, era casi antijudío, porque el Dios de los judíos incluso declara en el Talmud: «Yo soy un Dios muy celoso. Si te enfrentas a mí, te destruiré».

Y destruyó completamente dos ciudades. Lo que ha ocurrido en Hiroshima y Nagasaki, ¡ya lo hizo el Dios de los judíos hace tres mil años! Destruyó dos ciudades simplemente porque la gente no estaba comportándose según su idea de la moralidad, se habían vuelto inmorales. Y destruyó esas dos ciudades por completo.

No es posible que fueran todos inmorales y, aunque lo fueran, no todos serían inmorales en el mismo grado. También habría niños que no podían ser inmorales y que no sabían nada de lo que es ser moral o inmoral. También habría ancianos que no podían ser inmorales. Habría enfermos que ni siquiera podían levantarse de la cama, ¿qué actos inmorales podían achacarles? Pero estaba tan furioso que destruyó las dos ciudades para darle una lección a la humanidad.

Y el joven Jesús decía, «perdónalos». Esto era lo contrario a todas las ideas de la religión judía. Estaba enseñando nuevos conceptos, nuevas visiones, nuevos enfoques de Dios. Sus padres estaban muy disgustados.

En cierta ocasión, Jesús estaba predicando rodeado de sus discípulos y una multitud de gente, y alguien le dijo: «Tu madre te espera fuera y quiere verte con urgencia». Cuentan que Jesús le dijo, «dile a esa mujer», no dijo «a mi madre», «dile a esa mujer que no hay nadie que sea mi padre ni mi madre ni mi pariente. Mis parientes son los que están conmigo. Yo no tengo nada que ver con los que no estén conmigo. Dile que se vaya». Aunque te parezca muy duro y cruel, tenía un motivo. Todas estas historias son simbólicas, no creas que han ocurrido en realidad. Si quieres madurar, tendrás que renunciar en tu fuero interno a la idea de tu padre y de tu madre. Si sigues arrastrando esta idea, seguirás siendo infantil y nunca madurarás. Y realmente ningún padre y ninguna madre quieren que madures, porque eso significa ser libre.

Todas las supuestas religiones te han enseñado a respetar a tus padres por una sencilla razón, y es que, si respetas a tus padres, respetarás el pasado, respetarás las tradiciones, respetarás las convenciones. Si respetas a tu padre, respetarás a Dios Padre. Si no respetas a tus padres, lógicamente, te separarás de la tradición, y la Iglesia no puede permitirlo.

Yo no te voy a decir que no respetes a tu padre ni a tu madre. Yo te digo que los respetes después de haberte liberado por completo de las huellas de tu padre y de tu madre; de lo contrario, no será un respeto verdadero, será falso. Solo podrás amar a tu padre y a tu madre cuando te hayas liberado de ellos; de lo contrario, no los amarás. Seguirás enfadado con ellos. Nadie puede amar a una persona hasta que se libera de esa persona. Cuando hay algún tipo de dependencia, el amor solo es una fachada, pero en el fondo hay odio. Y todos los niños odian a su padre y a su madre, todos sin excepción, pero desde el exterior los obligan a respetarlos.

Fíjate en tu inconsciente; si miras bien, verás que en el fondo de tu ser habita un profundo deseo de venganza. Quieres vengarte de tus padres. Estás enfadado porque son culpables de que seas como eres. Su forma de criarte te ha hecho infeliz. Te han condicionado hasta tal punto que te has quedado incapacitado y paralizado. Y, como es lógico, sientes odio.

Me gustaría que te dieras cuenta de esto para que pudieras olvidarte de ello, porque lo que te han hecho lo han hecho de manera inconsciente. Tienes que perdonarlos. Perdónalos.

Jesús dice: «Odia a tu padre y a tu madre». Buda dice: «Mátalos». Yo te digo que los perdones, que es mucho más difícil. Perdónalos, porque todo lo que han hecho lo han hecho sin saber, estaban condicionados por sus padres, y así sucesivamente. Incluso Adán y Eva estaban condicionados por Dios. Ahí es donde empieza el condicionamiento. Dios es el culpable de condicionar a Adán: «No comas del fruto del Árbol del Conocimiento». Ese «no» se convirtió en un atractivo, es una forma de condicionamiento negativo. Cuando te dicen categóricamente que no debes hacer algo, sientes un gran deseo de experimentar, de experimentarlo. ¿Por qué?

> Jesús dice: "Odia a tu padre y a tu madre". Buda dice: "Mátalos". Yo te digo que los perdones, que es mucho más difícil.

¿Por qué tenía Dios interés en eso? El Árbol del Conocimiento no puede ser algo malo, el conocimiento no puede ser malo. ¿Qué hay de malo en volverse sabio? La sabiduría está bien, el conocimiento está bien.

Lo más lógico es que Adán pensara: «Dios quiere evitar que sea tan sabio como él, para que siga dependiendo de él, para que siempre tenga que pedirle consejos, para que no pueda vivir por mi cuenta, para que solo sea su sombra. No quiere que sea libre e independiente». Esta es la conclusión más lógica y sencilla.

Y el Diablo también lo hizo, y empleó el mismo argumento. Le dijo a Eva..., ¿y por qué eligió a Eva y no a Adán? Porque cuando persuades a la mujer, cuando la convences, ya no tienes que preocuparte del marido. Todos los publicistas lo saben, por eso la mayor parte de los anuncios van dirigidos a las mujeres. Cuando las convences, ya nadie puede quitarles la idea de la cabeza, y mucho menos su marido. Tienen que seguir sus pasos y deben hacerlo porque, si no, su mujer se convierte en un tormento constante.

El Diablo fue el primer publicista. Fue un pionero, fue el creador de esa especialidad. Adán no le interesaba porque sabía que todos los maridos son unos calzonazos y no vale la pena dirigirse a ellos. Es mejor convencer a la mujer. La persuadió, y, por supuesto, ella se convenció porque era muy lógico. El Diablo le dijo: «Dios os lo ha prohibido porque no quiere que os convirtáis en dioses. Es muy celoso y tiene miedo. Sería tonto de vuestra parte no comerlo. ¡Sed como los dioses!».

¿Y quién no quiere ser como un dios? Cuando hay una tentación, es imposible resistirse. Pero todo ese condicionamiento provenía de Dios, era un tipo de condicionamiento negativo.

En realidad, tus padres no son culpables. No puedes culpar a alguien que es inconsciente de actuar inconscientemente, porque no sabe lo que hace.

Tienes que entrar dentro de tu ser para limpiar todas las impresiones que te han dejado tus padres, tanto negativas como positivas. Entonces sentirás una profunda compasión por ellos, mucha compasión y agradecimiento, porque todo lo que han hecho lo han hecho pensando que era lo mejor, al menos según su punto de vista. No han querido perjudicarte de forma voluntaria. Incluso ahora, cuando no están conformes con lo que has elegido, cuando no les gustan tus elecciones, es porque creen que has caído en malas manos, que te has salido de la herencia de la tradición. Tienen miedo de que vayas por mal camino y luego te toque sufrir y te arrepientas. Se preocupan por ti.

Su amor es inconsciente, de modo que no hace falta obedecerlos, pero no te enfades con ellos: entiéndelos.

Tú dices: «Mis padres son judíos y no están conformes con las elecciones que he hecho en mi vida». Para empezar, son judíos. Esta es una de las religiones más antiguas del mundo. Solo hay dos religiones antiguas en el mundo: la judía y la hindú. Cuanto más antigua es una tradición, más peso tiene y más oprime a la gente. Las cosas nuevas son ligeras.

Mi gente puede caminar ligera, casi bailando. Pero una tradición de cinco mil años tiene mucho peso, porque tiene un pasado muy largo. Si no fueron capaces de perdonar a Jesús, ¿cómo te van a perdonar a ti? ¡Y Jesús no pertenece a mi gente! En realidad, no se salió de la tradición, siguió siendo judío. Recuerda que no era cristiano, porque en esa época el cristianismo no existía. El cristianismo nació después de su muerte, después de su crucifixión. Por eso yo siempre llamo «cruzianismo» al cristianismo. No tiene nada que ver con Cristo, tiene más que ver con la cruz. Por eso la cruz se ha convertido en el símbolo del cristianismo y es mucho más importante que Cristo.

Nunca pudieron perdonar a Jesús, aunque él no se saliera de la tradición. Por supuesto, decía cosas que sonaban un poco raras y eran bastante nuevas. Traía una luz nueva, estaba limpiando el espejo de la conciencia judía y quitándole el polvo antiguo.

Pero, sin lugar a dudas, es mucho más peligroso convertirse en mi discípulo, porque es contrario a todas las tradiciones. No es cambiar una tradición por otra, es olvidarse por completo de la mente tradicional. Es olvidarse de la tradición como tal y dejar de ser tradicional, dejar de ser convencional. ¡Es una revolución absoluta! Y tienen miedo, por supuesto; tienen miedo por muchos motivos.

Los judíos sienten cierta atracción por mí. He atraído aquí a tantos judíos que a veces me pregunto si no seré yo también judío, porque no entiendo lo que está pasando, ya que los judíos nunca se sienten fácilmente atraídos por nadie. No se sintieron atraídos por Jesús. Nunca se han sentido atraídos por nadie más. ¿Por qué están conmigo? Debe de haber algo que les ha llegado muy hondo. De hecho, ellos son quienes más han padecido el peso de la tradición, y por eso les interesa tanto mi visión, porque yo soy antitradicional y quieren librarse de la tradición.

Un judío y un hombre negro están sentados uno junto al otro en un tren. De repente, el judío se da cuenta de que el hombre negro está leyendo una revista hebrea. Se queda callado un rato y luego le susurra: «Escúchame, amigo, ¿y no te basta con ser negro?».

Tus padres deben de estar asustados: «¿No te basta con ser judío? ¿Por qué quieres sufrir más?». Porque estar conmigo puede ser peligroso para ti. Es lo más peligroso que puede haber. La libertad es un fuego que te quema el ego, y el hecho de no tener ego es una cosa que le duele mucho al ego de los demás, por eso se convierten en tus enemigos.

Los judíos son personas muy terrenales, es la única religión que es muy terrenal. Hay dos tipos de religiones: las terrenales —los judíos representan la religión terrenal—, y las sobrenaturales, como, por ejemplo, el budismo. Para los budistas yo soy un poco terrenal, por eso estarán en mi contra, y para los judíos yo soy demasiado sobrenatural.

Yo soy ambas cosas, soy un puente. Mi visión es una síntesis porque no establezco una división entre «este mundo» y «ese mundo». Para mí ambos mundos son hermosos. Y tenemos que vivir en los dos mundos porque no están separados, son inseparables. La idea de separarlos ha sido un gran error.

A los judíos les interesa más lo terrenal que lo sobrenatural. Y les dará miedo pensar que te has convertido en un meditador: «¿Qué estás haciendo? Ahora es el momento de ganar dinero. Ahora es el momento de plantar bien los pies en la tierra. ¡No pierdas un tiempo precioso!». Según ellos, mientras seas joven puedes hacer cosas, pero, a medida que seas más viejo, te costará más trabajo ganar dinero, tener poder, prestigio y hacerte un nombre en el mundo. Estás perdiendo el tiempo.

Tus padres deben preocuparse por lo que estás haciendo aquí. Un chico tan inteligente ¿perdiendo el tiempo en meditar? ¿Te has vuelto loco o qué, sentado sin hacer nada? ¿Así es como se comporta un judío? El tiempo es dinero, ¡no lo pierdas! Y, además, sean judíos o no, los padres son los padres. Se ofenden, se ofenden si crees que sabes más que ellos, si buscas nuevos caminos, si pretendes ser más sabio que ellos.

Un judío llega al cielo y Dios le pregunta con una voz muy compasiva:

—¿Qué te ha pasado?

—Se me partió el corazón. Cuando mi único hijo, que era mi orgullo y mi alegría, me dijo que se iba a convertir al catolicismo, sentí un dolor terrible en el pecho y...

—No deberías habértelo tomado tan a la tremenda. ¡Mi hijo me hizo lo mismo!

—¿Y qué hiciste, Señor?

—¡Cambié mis últimas voluntades y modifiqué el testamento!

¿Qué pueden hacer? Cambiar sus últimas voluntades y modificar su testamento, ¡déjalos que lo hagan! Aprende a perdonarlos. No te voy a decir que los odies, porque odiar no te hace libre. Cuando odias a alguien, te quedas apegado.

El odio es una relación. El amor es libertad. El amor no es una relación, lo que es una relación es el odio.

Por eso, cuando alguien está en una relación, odia, no ama. El amor es libertad. Si los amas, serás libre. Pero, para amarlos, primero tienes que estar completamente limpio.

No te voy a decir que los mates, como el Buda Gautama, porque matándolos no consigues nada. Entiéndelos. Ten compasión por ellos. Matar es hacer algo a toda prisa, y no hay necesidad de tener prisa. Tus padres están muy dentro de ti, no solo en tu sangre y en tus huesos, sino incluso en tu médula. No es fácil matarlos, es imposible. Para matarlos, tendrás que suicidarte; es la única forma de matarlos. Se han metido dentro de tu ser, formas parte de ellos y ellos forman parte de ti. Pero puedes liberarte de ellos con una profunda comprensión.

No te voy a sugerir que mates a tu madre, mi método es mucho más sutil. Lo que decían Jesús y Buda eran métodos muy primitivos. Lo que yo te propongo es mucho más sofisticado: perdona a tus padres, compréndelos. Es algo que está dentro de ti y no tiene nada que ver con los padres externos. Si puedes, relájate en tu interior y siente compasión por ellos, porque, a su manera, ellos también han sufrido… Han perdido toda su vida y ahora quieren que pierdas la tuya, porque es la única forma de vida que conocen. Tiene que surgir dentro de ti una profunda compasión, y, si partes de esa compasión, es posible que puedas ayudarlos, porque la compasión actúa de una manera muy sutil. El amor es lo más mágico que hay en el mundo.

No te estoy diciendo que les hagas caso, que los obedezcas y hagas lo que ellos digan, porque eso sería un error. Eso te arruinaría la vida y tampoco los ayudaría a ellos. Tienes que seguir siendo tú mismo, y, al mismo tiempo, tener compasión y perdonar. Si tienes intención de ir a verlos, sé compasivo y perdona. Deja que sientan tu compasión, tu amor y tu alegría. Deja que sientan tu celebración. Deja que perciban lo que te ha ocurrido aquí. Deja que vean la diferencia.

Cuando Buda fue a ver a su padre, su padre seguía disgustado con él. Durante los primeros instantes, estaba tan furioso que no podía ni mirarlo. Buda permaneció en silencio, mientras su padre le insultaba: «¡Me has hecho tanto daño que has estado a punto de matarme! ¿Por qué vuelves ahora, después de doce años? Llevo esperándote tanto tiempo… ¡No te has comportado como mi hijo, te has comportado como mi enemigo!».

Buda le escuchó sin pronunciar palabra. Cuando su padre se dio cuenta de que su hijo no había abierto la boca, le preguntó: «¿Por qué no dices nada?».

Buda dijo: «Quiero que saques todo lo que has acumulado desde hace doce años. ¡Haz tu catarsis, descarga! Luego, cuando hayas descargado, podrás verme. Pero hay algo que me gustaría decirte, y es que la persona con la que estás hablando ahora ya no es tu hijo, es otra persona. El hombre que se fue de tu palacio no volverá, se ha muerto. Ahora soy un hombre completamente nuevo. Tengo una conciencia nueva, tengo un amor nuevo, tengo una compasión nueva. Pero, para que puedas verme, antes tendrás que descargarte, porque tus ojos están tan llenos de rabia que no puedes verme. Límpiate antes los ojos».

Su padre temblaba de ira, pero fue tranquilizándose poco a poco, la misma respuesta le calmó. Se le saltaban las lágrimas de rabia. Se las secó y le volvió a mirar: «Tienes razón, no eres la misma persona que se fue de mi palacio, eres una persona completamente distinta. Es evidente que tienes la misma cara y el mismo cuerpo, pero tu ser es completamente nuevo, tienes una vibración distinta».

Cayó a los pies de Buda y dijo: «Yo también quiero que me inicies, porque soy muy viejo y la muerte está cerca. Yo también quiero experimentar lo que has experimentado tú. Perdóname por toda mi rabia, pero no sabía lo que te estaba pasando ni lo que te había pasado. Me alegro de que hayas venido. Me alegro de que te hayas acordado de mí, de que no me hayas olvidado».

Así que, cuando vuelvas, deja que tengan antes su catarsis. Y si tus padres son alemanes, ¡recuerda que su catarsis durará más que la del padre de Buda! Escúchalos en silencio. No te enfades. Si de verdad quieres ayudarlos, sé meditativo, quédate tranquilo y en silencio, y tu calma los transformará.

A todo el mundo le gustaría ayudar a sus padres, porque les han dado la vida. Te han criado lo mejor que han podido y no han sabido hacerlo mejor. Han hecho lo que han podido y lo han hecho por tu bien. Que lo hayan hecho bien o mal es otra cuestión, pero lo han hecho con buenas intenciones. Así que acuérdate de ayudarlos cuando vuelvas.

Epílogo

Cuando te enfocas en los demás, lo que quieres es evitar mirarte a ti mismo. Cuando criticas a alguien, tienes que darte cuenta de que es un truco de tu mente para perdonarte a ti mismo. La gente critica a todo el mundo y así se siente bien. Comparándose con los demás, piensan que no son peores que ellos, sino mejores. Por eso exageras tanto cuando criticas a alguien, te vas al extremo y haces una montaña de un grano de arena. Esa montaña, que cada vez es más alta, hace que la tuya parezca pequeña a su lado. Y te sientes feliz.

No sigas haciéndolo, porque eso no te va a ayudar.

Acerca del autor

Osho desafía las clasificaciones. Sus miles de charlas lo cubren todo, desde la búsqueda individual del significado hasta los problemas sociales y políticos más urgentes a los que se enfrenta la sociedad en la actualidad. Los libros de Osho no han sido escritos, sino transcritos de las grabaciones de audio y vídeo de sus charlas extemporáneas ante audiencias internacionales. Tal como él lo expone: «Recordad: lo que os digo no solo es para vosotros..., estoy hablando también para las futuras generaciones». Osho ha sido descrito por el *Sunday Times* de Londres como uno de los «mil creadores del siglo XX» y por el autor estadounidense Tom Robbins como «el hombre más peligroso desde Jesucristo». El *Sunday Mid-Day* (India) ha destacado a Osho como una de las diez personas —junto con Gandhi, Nehru y Buda— que han cambiado el destino de la India. Con respecto a su propia obra, Osho declaró que está ayudando a crear las condiciones necesarias para el nacimiento de una nueva clase de seres humanos. Con frecuencia caracteriza a este nuevo ser humano como «Zorba el Buda», capaz tanto de disfrutar de los placeres terrenales de un Zorba el Griego, como de la serenidad silenciosa de un Gautama el Buda. Un tema principal en las charlas y meditaciones de Osho es una visión que abarca tanto la sabiduría eterna de todas las eras pasadas como el potencial más alto de la ciencia y la tecnología de hoy en día (y del mañana). Osho es conocido por su contribución revolucionaria a la ciencia de la transformación interna, con un enfoque en la meditación que reconoce el paso acelerado de la vida contemporánea. Sus Meditaciones Activas Osho están diseñadas para liberar primero las tensiones acumuladas del cuerpo y la mente, de tal manera que después sea más fácil emprender una experiencia de quietud y relajación libre de pensamientos en la vida diaria.

Una de sus obras autobiográficas disponible:

Autobiografía de un místico espiritualmente incorrecto, Barcelona, Kairós, 2001.

Osho International Meditation Resort

Ubicación: Situado a unos 160 kilómetros al sudeste de Bombay, en la moderna y floreciente ciudad de Pune (India), el Osho International Meditation Resort es un destino vacacional que marca la diferencia: el Resort de Meditación se extiende sobre unas dieciséis hectáreas de jardines espectaculares en una magnífica área residencial bordeada de árboles.

Originalidad: Cada año, el Resort de Meditación da la bienvenida a miles de personas provenientes de más de cien países. Este campus único ofrece la oportunidad de vivir una experiencia personal directa de una nueva forma de vida: con mayor sensibilización, relajación, celebración y creatividad. Existen gran variedad de programas durante todo el día y durante todo el año. ¡No hacer nada y simplemente relajarse es una de ellas!

Todos los programas se basan en la visión de Osho de «Zorba el Buda», una clase de ser humano cualitativamente diferente, capaz tanto de participar de manera creativa en la vida diaria como de relajarse en el silencio y la meditación.

Meditaciones: El programa diario completo de meditaciones para cada tipo de persona incluye métodos activos y pasivos, tradicionales y revolucionarios, y en particular las Meditaciones Activas OSHO®. Las meditaciones se llevan a cabo en lo que debe de ser la sala de meditación más grande del mundo: el Auditorio Osho.

Multiversidad: Las sesiones individuales, cursos y talleres lo cubren todo, desde las artes creativas hasta la salud holística, la transformación personal, las relaciones y la transición de la vida, el trabajo como meditación, las ciencias esotéricas, y el enfoque zen ante los deportes y la recreación. El secreto del éxito de la Multiversidad reside en el hecho de que todos sus programas se combinan con la meditación, la confirmación de que como seres humanos somos mucho más que la suma de nuestras partes.

Cocina: Diferentes áreas gastronómicas sirven deliciosa comida vegetariana occidental, asiática e hindú, en su mayoría preparada con ingredientes cultivados de forma orgánica especialmente para el Resort de Meditación. Los panes y pasteles se hornean en la panadería propia del centro.

Vida nocturna: Durante la noche tienen lugar diversos eventos, entre los cuales ¡bailar es el número uno de la lista! Otras actividades incluyen meditaciones con luna llena bajo las estrellas, espectáculos de variedades, interpretaciones musicales y meditaciones para la vida diaria. O simplemente puede disfrutar conociendo gente en el Café Plaza o caminar bajo la serenidad de la noche por los jardines de este escenario de cuento de hadas.

Instalaciones: En la Galería puede adquirir artículos de tocador y todo lo que precise para sus necesidades básicas. La Galería Multimedia vende una amplia gama de productos multimedia Osho. También dispone de un banco, una agencia de viajes y un Cibercafé en el campus. Para aquellos que disfrutan con las compras, Pune ofrece todas las opciones, desde los productos hindúes étnicos y tradicionales hasta todas las tiendas de marca mundiales.

Alojamiento: Puede elegir alojarse en las elegantes habitaciones de la Casa de Huéspedes de Osho o, para permanencias más largas, optar por uno de los paquetes del programa Living-in. Además, existe una abundante variedad de hoteles y apartamentos con servicios incluidos en los alrededores.

www.osho.com/meditationresort
www.osho.com/guesthouse
www.osho.com/livingin

Para más información

www.**OSHO**.com

Esta página web en varios idiomas incluye una revista, los libros de Osho, las charlas de Osho en formatos de audio y vídeo, el archivo de textos de la Biblioteca Osho en inglés e hindi, y una amplia información sobre las Meditaciones Osho. También encontrará el plan del programa de Multiversidad Osho e información sobre el Osho International Meditation Resort.

Páginas web:

www.OSHO.com/AllAboutOSHO
www.OSHOtimes.com
www.Facebook.com/OSHO.international
www.YouTube.com/OSHOinternational
www.Twitter.com/OSHO
www.Instagram.com/OSHOinternational

Para contactar con Osho International Foundation:

www.osho.com/oshointernational
oshointernational@oshointernational.com

«Para viajar lejos no hay mejor nave que un libro».

EMILY DICKINSON

Gracias por tu lectura de este libro.

En **penguinlibros.club** encontrarás las mejores
recomendaciones de lectura.

Únete a nuestra comunidad y viaja con nosotros.

penguinlibros.club